치솟는 도파민 사랑하기 10초 전

치솟는 도파민 사랑하기 10초 전

초판 1쇄 인쇄 2024년 1월 23일
초판 1쇄 발행 2024년 1월 26일

지은이 무아
펴낸이 박세희

펴낸곳 ㈜도서출판 등대지기
등록번호 제2013-000075호
등록일자 2013년 11월 27일
주 소 (153-768) 서울시 가산디지털2로 98,
　　　 2동 1110호(가산동 롯데IT캐슬)
대표전화 (02)853-2010
팩스 (02)857-9036
이메일 sehee0505@hanmail.net

편집 디자인 박세원

ISBN 979-11-6066-100-2
ⓒ 무아 2024, Printed in Seoul, Korea

• 이 책의 판권은 지은이와 도서출판등대지기에 있습니다.
• 잘못된 책은 바꾸어 드립니다.

무아 지음

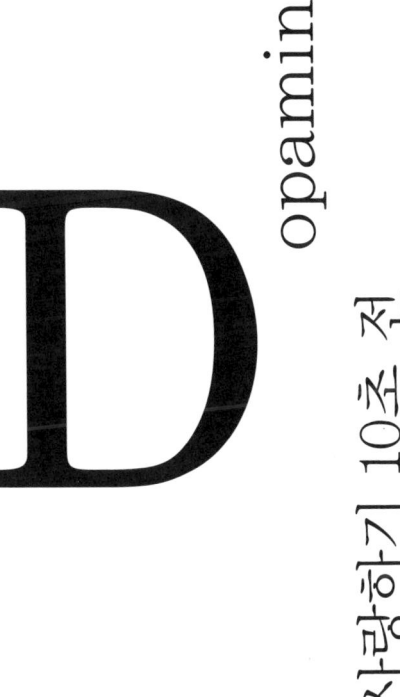

치솟는 Dopamine 사랑하기 10초 전

등대지기

시작하며

   세상에서 나를 지켜낸다는 것이 너무 힘들고 버거울 때가 있었다.

   나를 향한 날 이선 칼 끝은 늘 먼 곳이 아닌 가까운 곳에서 시퍼렇게 번뜩였고 그 사실이 내 심장을 더 깊이 도려냈다.

   나는 아주 많은 시간을 원망하며 증오하며 보냈다. 하지만 이제야 깨 닳는다. 그 시간들은 결국 나를 원망하고 미워한 시간들이었음을 삶은 여전히 나에게 목적지를 알려주지 않지만 운명은 나에게 계속해서 길을 가리켜줬을지도 모르겠다.

   모든 것은 우연이 아닌 나의 선택이었으므로 이제는 나를 아프게 하는 것들과 용기 있게 작별해야지.

안녕 잘 가.
우리 두 번 다신 보지 말자.
그리고 다짐했다.

 행복이 내게 오지 않으면 내가 행복에게 가겠다고 넘어지고 다치고 여기저기 상처투성이도 금 가고 깨지고 여기저기 흉지 더라도 내 안에 남을 기억들이 상처와 흉터가 아닌 아름다운 추억이 될수 있도록 시간에 스민 나의 슬픔 들에게 위로를 보낸다.

멈추지 않고 달려온 나에게
2024년 1월
무아

목차

시작하며 04

I
청춘 익사사건

검붉은 웨딩드레스 018 | 불륜 막장 Drama¿ 021 | 침묵의 카르텔 026 | 장미 빛 색깔 속 추악한 현실 030 | 잔혹 동화 032 | 분리수거 하는 날 034 | 청춘은 아름답다며 왜 거짓말했어요 036 | 살인 아니고 사랑인데요? 038 | 감정을 억누르는 법을 배운 시간 041 | 나를 밟고 지나간 것들 044 | 위태로운 밤 046 | 상처는 생존의 증거물 048 | 날 묶고 가둔다면 루시퍼 050 | 복수하려면 이성적이어야지 054 | 지옥에나 떨어져라 056 | 떨어지던 밤 058 | 금기 된 실험실 060 | 사람의 광기는 예측불가 062 | 불협화음 중독 065 | 종말의 밤 068 | 유토피아 또는 디스토피아 072

II
웜홀 여행

킹덤 079 | 신기루의 시작 082 | 신세계 신드롬 084 | 파스칼의 내기 087 | 신은 주사위를 던졌다 090 | 사탕 보다 달다 094 | 치솟는 도파민 사랑하기 10초 전 096 | 내 사랑은 불량 식품 맛이야 101 | 미치광이의 사랑 104 | 한여름 밤의 high teen 108 | 그거 녹차 아니고 독차야 109 | 80년 만에 가장 뜨거웠던 열대야 112 | 무의미에 의미를 붙여 보았어 114 | 무한한 미로 116 | 추락할 용기 118 | 너는 속삭였지 120 | 깉당 안 되는 조합 122 | 소원을 들어주는 바다 124 | 영원의 밤 125 | 나, 하나 너, 둘 126

Ⅲ
플라시보 효과

고통과 쾌락은 한 끗 차이 133 | 가까이 봐 135 | 우린 같은 템포 다른 노래야 138 | 새벽에 비행기 타는 느낌 알아요? 140 | 절벽 위로 몰아치는 파도 142 | 날 떠나더라도 사랑해 144 | 위태로운 기쁨에게 146 | 나의 최애의 i 147 | 그 표정이 제일 예뻐 149 | 바다에 기대어 150 | 어둠 속의 빛 151 | 모래시계 152 | 여름에게 154 | 넌 0순위야 155 | 시가 될 여름 이야기 158 | 여우비 160 | 모래에도 꽃은 핀다 162 | 스스로를 학대하는 너에게 163 | 총량의 법칙 164 | Big Bang 167 | 자, 내 손을 잡아 너도 나를 사랑한다면 168 | 고통도 함께 나누자 170 | To. 나의 Baby 173 | 언어의 유혹 175

Ⅳ
이데아

소나무 181 | 밤의 침묵 속 182 | 삶은…계란 184 | 몰라 너무 철학적인 이야기들이야 186 | 결핍을 마주하며 189 | 벌써부터 걱정하지마 191 | 후회의 길 194 | 너와 나는 아픔을 공유하고 196 | 마침내 멸망하는 여름 200 | 환영해 여긴 네 망각 속이야 203 | 나의 세계, 내가 숨쉬던 나의 바다 205 | 네 세상은 온통 꿈이잖아 207 | 절벽에 피우는 꽃 208 | 시지프스의 형벌 210 | 알츠하이머 또는 약물 중독 214 | 세상은 창조주의 시험장 218 | 텔로미어 와 텔로머레이스 223 | 이번 꿈열차의 종착지는 228 | 나는 너의 내일이야 230 | 젊음과 청춘 233

Ⅲ
아틸란티스

이데아 243 | 지금 재생 중 244 | 수위조절 대 실패 246 | 투시점의 원리 248 | 나만의 작은 숲 251 | 새벽 드라이브 254 | '…' 256 | 계절을 잃다 257 | 잘 지내지 내 사랑 259 | 무한한 사랑을 담은 달에게 261 | 7월 7일 밤 263 | 얼마만큼 왔나요? 265 | 나의 까멜리아에게 268 | 해피 크리스마스, 해리 272

에필로그 278

우리의 이야기를 썼어.

언젠가 사라져버릴 우리를
영원히 사랑하기 위해.

우리는
한편의
영화 같아
내 인생의
명장면을 담은
꿈을 꾸는 듯한
말로 설명되지 않는
감정 서사와
이야기를
잘 풀어낸 영화.

순탄함이 현실이라면 내 삶은 영화 같았나.

I

청춘 익사사건

청춘예찬

青春禮讚

청춘! 이는 듣기만 하여도 가슴이 설레는 말이다

검붉은 웨딩드레스
영원히 함께 있어줄 거라고 믿었던 이의 배신

영원할 거라 믿었던 것들은 항상 등을 보이며 떠나갔다
사랑만 있으면 살 수 있을 줄 알았지
한 치 앞도 모르는 미래를 바보처럼

한때는 사랑을 구원이라 생각했다
할 수 있는 건 그저 믿는 수밖에 없었지
전부 거짓말이었다

믿음의 대가는 결국 짓밟히는 배신이었다
매일 밤 후회하고 후회하고 또 후회했지
사랑하지 말걸 사랑하지 않았으면 좋았을 걸

감히 입에 오르락 내리기 어려운
영원이란 단어를 너무 쉽게 생각했다

세상에 변하지 않는 건 존재하지 않았다
믿은 내가 병신이지
영원이란 단어도 존재해선 안 되는 글자였다.

오, 사랑이여!
그대는 바로 악의 신이 로다.
하긴 우리들은 그대를
악마라 고는 부르지 못하니까.

⟨돈 주앙 Don Juan 중⟩

불륜 막장 Drama ¿
마트 가서 시식할 사람?

막장 드라마

보통 사람의 상식과 도덕적 기준으로는 이해하거나
받아들이기 어려운 내용의 드라마.
남녀 사이의 배신과 음모, 불륜 등 드라마의 내용이
점점 더 막장스럽게 전개되고 있다.

시작하자마자 소름

너는 네가 저질른 악을 나에게 선물해 줬지
내 인생의 최악으로

네가
내 인생을 태워버렸다지
내 꿈들을 피지도 못하게 싹을 잘라놨다지
내 감정을 수천만번 난도질해놨다지

내가 받은 선물을

다시 예쁘게 포장해 건내 줄게 너에게
최악의 형태로
자, 선물이야

¿이것도 대답해 줄 수 있어?

너의 결혼식에
하얀 국화꽃을 들고 순백의 드레스를 입고 갈게

그리고 헌화를 하며 축사대신
너의 추악한비밀들을 추도문으로 낭독하겠지

☦ 추도문 ☦

삼가 고인의 명복을 빕니다

그녀는 살아생전
[1]미친개 고기 나눠 먹듯 매음하는 매춘부였습니다

상습적으로 남의 것을 욕심 내고 탐내는
[2]미친년이 아이를 씻어서 죽인다는 범죄자였습니다

가정파탄이라는 피해를 입은 많은 유가족 분들이

그녀를 기억해주실 겁니다

우리의 긴 이야기는 끝나지 않을 겁니다
진리의 등불은 영원히 타오를 것입니다

그녀는 ³⁾중합지옥에서 영원히 타오를 것입니다

내 총구는 늘 너를 향해 당겨져 있지
네 인생에 가장 행복한 순간
주저없이 바로 쏠 수 있게

어머
이 꽃 같은 뱀 좀 봐

내감정을 살인해 놓고 자기가 피해자래

너는 모르지 너만 모르지
네가 얼마나 잔인한 살인마인지
이런 거나 즐기는 사이코패스인지

자비의 천사여,
세상이 미쳐가고 있어 더 이상 침묵해선 안돼

난 너 같은 악마들 한테 미쳐
날 고통 주던 너에게 바쳐 널 지옥으로 데려갈 거야

이런 게 사랑이라면 너네 가 생각해도 속이 울렁거리지
구역질 나지
너무 역겹지.

---

1) 속담 '미친개 고기 나눠 먹듯' : 임자가 분명치 않은 어떤 것을 여럿이 닥치는 대로 나눠 가지는 모양을 비유적으로 이르는 말.
2) 속담 '미친년이 아이를 씻어서 죽인다' : 딱히 필요도 없는 일에 공연히 열심을 떨어 오히려 해롭게 함을 이르는 말.
3) '중합지옥衆合地獄' : 살생, 도둑질, 불륜을 한 죄인이 죽어서 가게 된다는 지옥.

넌 벌받아야지.
신이 널 도우면 형벌. 신이 날 도우면 천벌.

너네 주님 개빡쳤어. 너 지옥행이래.

오늘부터 모든 날이 흉흉할 거야.
자극적이고 끔찍할 거야.
막을 수도 없앨 수도 없을 거야.
나는 너의 아주 오래된 소문이 될 거거든.

너 같은 나쁜 년도 이렇게 잘만 사는데

그래서 넌 다 이뤘어?
조건 좋은 남자와 가장 예쁠 때 결혼하고
행복하게 살고 있어?

미안하지만 축의금은 준비 못 했어.
근데 뭐, 인생의 경조사가 결혼식만 있는 건 아니잖아.

내년에도 어려? 후년에도 어릴 거니?
이 어리기만 한 년아.

〈더 글로리 중〉

침묵의 카르텔
사람들은 뻔한 쇼를 좋아해

마치 내가 죽기라도 바라는 것처럼
내 감정을 난도질해 놓고 서는
피해자코스프레 하지 말라고 하네

피해자. 가해자

세상에 너나, 나나
피해자라는 사람들만 넘쳐나네
가해자는 없네

피해자의 숫자만큼 가해자가 있어야지
또 가해자는 없네

그래서
누가 피해자고
누가 가해자야

내가 피해자야. 너가 가해자고
아, 피해자가 너야? 내가 가해자고?

웃어? 웃겨? 왜 웃어? 이게 웃겨? 뭐가 웃겨?
너일 아니라고 지금 웃기지

똑같이 당하면 어떨 것 같은데?
악몽인가?
하는 순간

너의 삶이 악몽이지

죽음보다 더 지독한 게 뭔 지
너도 한번 똑같이 느껴봐

그때도 너가 웃고 있는지.

침묵의 카르텔
Cartel of Silence

 사회집단이나 이해집단이 불리한 문제나 현상이 있을 경우 그 구성원들이 침묵하고 외면하는 현상.

 이와 비슷한 현상으로, 침묵의 나선 이론 (Spiral of Silence Theory)이 있다. 다수의 사람들이 특정의 의견을 지지한다면 반대 의견을 가진 소수의 사람들이 다수로부터 소외될 것이 두려워 자기의 의견을 침묵하는 현상.

 침묵의 나선 이론은 명백하게 참과 거짓을 구별할 수 있는 사실 문제에는 적용되지 않는다. 고립에 대한 두려움과 주류에 속하고 싶은 인간의 강한 욕망이 침묵의 나선을 만든다.

그릇된 것을 보고 눈을 감으면 편하다.
침묵은 그래서 무섭다.

장미 빛 색깔 속 추악한 현실
눈앞을 마주한 건 착각 이 아니라 현실

갑자기
나는 마음의 준비도 안 됐는데

극이 끝나서

커튼이 내려가고 객석의 조명이 켜져
이제 연극은 끝났으니 빨리 나가주세요

라고 하는 거 같았다

끝

나는 사실 이게 가장 두려웠던 걸지도 모른다.

How do you know that I won't betray you?
내가 당신을 배신하지 않을 것이라는 것을
어떻게 알죠?

I don't. That's what trust is.
모르지. 신뢰란 그런 것이네.

〈배틀스타 갤럭티카 Battlestar Galactica 중〉

잔혹 동화
있지, 넌 동화가 정말 아름답다고 생각해?

영영 자라지 않는 피터팬이고 싶었는데
이젠 산타는 없다는 걸 알아버렸지

동화 속엔 진정한 사랑이 없어
다 허구니까

이젠, 이 사소한 불운쯤 은 놀랍지도 않아
뻔한 세드엔딩을 미루고 있는 느낌이었으니까

그저 막연히
오래오래 행복하게 잘 살았답니다
같은 해피엔딩은 없다는 걸 누구보다 잘 알고 있다

나는 더 이상
동화를 믿는 어린아이 가 아니었으니까

내 인생에 드라마틱한 일은 존재하지 않는다는 걸
한 번 더 자각했지

제 인생은 늘 제가 가장 행복할 때 불행으로
곤두박질치는 패턴이었거든요.

분리수거 하는 날
그 청춘 은 헐값에 팔렸다

어차피 버려야만 하는 텅 빈 상자를
목숨을 걸고 한참을 지켜왔다

어떻게 살아가야 되는지 잘 몰라
그냥 무던히 애를 썼을 뿐이다

내 청춘 은 값어치가 없는 그저
분리수거해야 될 쓰레기일 뿐이었다.

모든 게 엉망이었을 때도 나는 자살하지 않았다.
약물에 의존하려고도
가르침을 얻으려고도 하지 않았다.
대신 잠을 자려고 애썼다.
하지만 아무리 애써도 잠이 오지 않을 때는
시를 쓰는 법을 배웠다.
바로 오늘 같은 밤
바로 나 같은 누군가가 읽을지도 모를
이런 시를 위해.

〈레너드 코헨 Leonard Cohen〉

청춘은 아름답다며 왜 거짓말했어요
그거 다 구라야. 나도 속았어

나에게 청춘은 폭력이었다
일방적으로 나를 무기력하게 무너트려
결국 약자로 만들었으니까

추억은 그저 썩어가는 기억일 뿐 이였다
누구에게는 아름답기만 하다는 그 청춘이
나에게는 불행의 원료였다

내 청춘은 결국 상흔으로 남아
나의 오랜 흉이 되어 버렸다

청춘과 나는 서로에게
예쁜 흉터가 되진 못하겠다.

그 몸뚱이는 미세하지만, 바람을 받으면 커져서 모든 것을 삼켜버린다

구라의 어원으로 추정되는 것 중 하나는 「대지도론」에 나오는 가라구라 라는 곤충이다. 이 가라구라 라는 곤충은 그 몸뚱이는 미세하지만, 바람을 받으면 커져서 모든 것을 삼켜버린다고 표현이 되며 풍파, 어려움을 만나면 점점 커져서 그 어려움을 이겨내는 곤충이라고 한다.

거짓말을 하면 한 번으로 끝나는 것이 아닌 거짓말이 거짓말을 낳고 그것이 불어나서 감당이 안된다는 비유를 구라에 빗대어 표현된 것으로 불교 내에서 설법하는 이야기이다.

살인 아니고 사랑인데요?
난 익사 중인데 넌 왜 물을 설명하고 있어

나에게 사랑이란

매일을
배려 없는 방치 속에서
내가 썩어가는지도 모른 채
그렇게 물러나는 것

서러웠고
외로웠고
지독했고
악착같았다

그렇게 내 꿈까지 빨아먹는 것

사랑은 정신병이지
모든 우선순위를 미뤄버리고

내가 모르는 내 밑바닥까지 봐야 하니까

나는 결국 망가지지

사랑은 언제나
나를 죽고 싶게 만들었지

이렇게 아픈데
사랑이 뭐가 달콤하다는 거야

경고! 위험! 주의!
사랑에 쉽게 깨질 수 있으니
조심 또 조심

이런 게 사랑이라면
안 하는 게 나을 것 같아

사랑은 역설적이야
그냥 날 포기해줘.

감정을 억누르는 법을 배운 시간
흉이 짙게 남아도, 멍이 깊게 들어도

삶이라는 전쟁터 속에서

끝이 보이지 않는 시련의 한가운데에
홀로 서있는 기분이야

내 모든 게 시궁창 같아

이 혹독한 현실들에 무너지지 않게
슬퍼하지도
아파하지도
괴로워하지도 말자

고통으로 가득 찬 지금 이 순간에
절대 투항하지 말 것

그냥

사람에게 아무것도 느끼지 말자
그 어떠한 것도.

수천 번의 전투에서 이기는 것보다
자신을 이기는 것이 더 위대하다.
그 승리는 자신의 몫이다.
누구도 승리를 빼앗아 갈 수 없다.

〈석가모니〉

나를 밟고 지나간 것들
사랑한다는 것은 내생을 잃어가는 일

두려웠다

쓰러져 가는 무너져 가는
어쩌면 한참이나 무너진 내가
너무 두려웠다

나는 계속 말라가고 있었다
한 번도 마르지 않고
시원한 물을 내주었기에
퍼내고 퍼내도 또 다시 채우며
물을 내주었기에

도망쳤다

더이상 나는 채울 수가 없었기에
다 말라 비틀어지기 전에

그들이 조금이라도
나에 대한 아쉬움이 남을 때
나는 내 스스로 모든 걸 버리고 도망쳤다

도피였다

나의 모든 걸음걸음이
나의 모든 순간순간이.

위태로운 밤
행복해지지 않는 것은 생각보다 쉽다

행복하고 싶은데
행복해져야 하는데
행복하지가 않네

안 힘들게 해주겠다고
단언하던
네가 제일 나를 힘들게 만들었네

행복하게 해주겠다고
맹새하던
네가 제일 나를 불행하게 만들었네

행복해졌으면

밤새 뒤척이지 않게
마음 편히 잘 수 있을 만큼

혼자 걷는 길에
괜히 우울해지지 않게

문득 드는 생각조차도
웃을 수 있을 만큼

부디
나의 행복이 영원했으면
삶의 끝자락에서 내 삶을 후회하지 않도록.

상처는 생존의 증거물

몸은 우리가 너무 아플 것 같으면 스스로를 마비시킨대

멀리서 보면 꽃길 가까이서 보면 가시밭길
걷는 인생이라지만 아무것도 모르겠어

시간이 약이라고들 하지만 다 쓸모없어
모든 게 엉망이 되어가고 있어

하지만 세상은 하염없이 계속 돌기만해

기억은 사방으로 얽힌 거미줄 같아
간신히 줄 하나를 끊어 내면 이미 다른 줄들이
다시 내 팔 다리를 휘어 감고 있으니까

깊이 패인 상처는
제대로 아물지도 못한 채
곪을 대로 곪아 결국 덧나버렸고

나는 아팠어
아프고 또 아프고 계속 아플 것 같아

또 어떤 파도로 밀려와 나를 얼마나 쓸어버리려고.

날 묶고 가둔다면 루시퍼
절망이 찾아오면 춤을 춰

부서지기 쉬운 나의 밤

오늘도
악몽에 갇혀
과거에 갇혀

절망하는 내가 되풀이돼

여기서 기다려야 해?
어둡고 무서운 곳에 날 가두고 떠났지

희망을 주고
믿는 순간
날 잔인하게 죽이는 넌

정말 소름 끼치도록 계획적이었구나?

사랑을 엿 먹이며 미화시키는 너
이제는 다 의미 없는 과거형 이야

그리고 엿 주는 만큼 또 돌려줘야지
엿 같은 덕담으로

루시퍼
넌 이제 천국으로 갈 수 없어
넌 타락한 천사잖니
지옥으로 돌아가
넌 이제 사탄이잖니

네가 앞으로 할 수 있는 일이라고는

그저 하늘만 올려다보며
순간을 후회하고 또 후회하며

이유를 되짚고 또 되짚다가

결국,
그 어떤 순간도 되돌릴 수 없다는 걸
깨닫겠지

지옥에서 끝나지 않을 불타는 고통이나 즐겨

신성모독 과 같은 네 엿 같은 사랑과
엿 바꿔 먹은 네 친구들과

나는 꼭 낙원 같은 위에서 고통받고 있을
아래의 너희를 햇살처럼 웃으며 내려다봐 줄게

좌절의 땅에서 희망을 노래해
절망이 찾아오면 춤을 춰

칼춤.

분노는 남에게 던지기 위해
뜨거운 석탄을 손에 쥐는 것과 같다.
결국 상처를 입는 것은 나 자신이다.

〈석가모니〉

복수하려면 이성적이어야지
당신들이 이렇게 만들었잖아

입은 재앙을 부르는 문
혀는 목을 베는 칼 이랬지

난 가면을 쓰는 법을 터득했지
내 스스로를 보호하기 위해서

억지로 웃으려 애쓰다 보니
마음을 감추는 데에도 익숙해졌지

이제는 척도 잘해

행복한 척
괜찮은 척
안 아픈 척

누군가 안부를 물으면
모든 것이 괜찮아 라고 대답했어

그리고,

사랑하는 것들과 죽이고 싶은 것들을
구별하기 시작했지

게네들이 뭐라 수군대든
이젠 그냥 웃겨

단두대에 나를 올려놓고
온갖 욕을 하며 소설을 쓰겠지

내인생이 지루해지지 않도록

그렇지만 내인생에서
너네 들은 그냥 해골들일 뿐 인걸.

지옥에나 떨어져라
내 기도의 시작이었다

믿어 본 적 없는 신에게
처음으로 기도했다

당신이 온전히 부서지기를
그게 아니라면

당신의 세상 전부를 망가뜨려 달라고

밤마다 얼굴을 적시며
그렇게 빌었다

나의 작은 신에게.

신이여,
저에게 내가 바꿀 수 없는 일들을 받아들이는 의연함을 주소서.
내가 바꿀 수 있는 일들을 바꾸는 용기를 주소서.
그리고 하나와 또 다른 하나를 구분하는 지혜를 주소서.
신이여,
저에게 시간이 필요한 변화에 대한 인내를 주소서.
그리고 제가 가진 모든 것을 귀중히 여기게 하소서.
다른 어려움을 가진 사람들에 대한 관용을 주시고,
그리고 일어나 오직 오늘을 위해 다시 노력할 힘을 주소서.

〈크리스토프 외팅거 Christoph Oetinger〉

떨어지던 밤
확실한 절망보단 불확실한 희망을 주세요

아무리 발버둥 쳐도
앞으로 나아가지 못하는

밀물에서 치는 헤엄의
늪에 빠진 것 같다

나가려고 발버둥 칠수록
더 깊이 빠지기만 하고
늘 제자리로 돌아오는

차라리

거친 파도에 휩쓸려서
아무런 생각 없이 부서지고 싶어
이제 좀 쉬고 싶다

바다에 가고 싶어

죽고 싶단 뜻이야
추락하는 여름이었다.

부디,
거센 밀물이 나를 또 제자리로 돌려보내도
그 슬픔에 나의 삶이 잠기지 않기를.

부디,
내가 흘린 눈물들이 목 밑까지 차올라도
그 눈물에 내가 가라앉지 않기를.

부디,
드넓은 삶이라는 바다에서 내가 계속해서
유영해 갈 수 있게 버틸 수 있는 힘을
몰아치는 파도에 부딪힐 수 있는 용기를.

나에게.

금기 된 실험실
기억은 모자이크로 뒤덮어 모두 폐기해주세요

난 행복할 자격이 없다는 생각 해본 적 있나요?

네

텅 비었어요

마음이

기분이 없는 기분이에요

정신이 불안정하고 감정이 터져버릴 듯할 때가 있었나요?

네

사랑은 죽어버렸고

감정도 다 죽어버린 것 같아요

남은 게 아무것도 없어요

저는 지금보다 더 나은 제가 될 수 있을까요?

매일 밤 들끓는 좌절이 절망이란 괴물을 만들어
저를 집어삼키려고 해요

그리고 괴물에게 숨어 밤을 무사히 보내고 나면
그만큼의 불안이 저를 더 괴롭혀요

부정적인 생각을 먹고 자라는 괴물은
이번에야말로 제 숨통을 끊어 놓을지도 모르겠어요

혼자서는 감당이 안되는
이 괴물은 어떤 기억에서 자란 걸까요?

이젠 선도 악도 잘 모르겠어요

제 자신을 잃어버린 것 같아요
언제쯤 예전에 나로 돌아가게 될 수 있을까요?

사람의 광기는 예측불가
바이러스 예방 접종. 월요일이야 약 먹을 시간

모든 것이 다 위태롭고 휘청거린다

세상이
내가 어디까지 나약해질 수 있나
실험중인 거 같다

선생님,
주사는 안 아프게 놓아주세요

나는 마음의 준비도 안 됐는데
시간이란 두개의 바늘이 따끔하게 찔러와

시간은 혈관을 타고
현실이란 균들과 싸워
내일 이란 면역력을 만들어
오늘을 이겨낸다

얻고 싶은 것도, 잃을 것도 없는 시간들을
투약한지 오래인데

여전히 삶에는 내성이 생기질 않는다.

우리 인류는 아주 오래전부터 제정신이 아니었다.
다행인 것은 이 세계를 파멸시킬 정도의 기술을
가지고 있지는 않았다는 점이다.
그런데 이제는 그런 기술을 가지고 있다.

〈스킨 인 더 게임 Skin in the Game 중〉

불협화음 중독
사랑이란 말을 증오해야지

사랑이 아직 할 수 있는 일이 있을까

그저,
타오르는 불에 뛰어드는 것뿐이야
타 죽을지도 모르고

잿빛으로 물든 우리 사이엔 바다가 있어

너는 날 물에 빠뜨리고
바닥 끝까지 날 끌어내리고
끝끝내 날 익사시키지

풀리지 않는 오해와 쌓여가는 증오
이제 알겠어

난 타오르는 불이야

넌 불나방이야

불만 보면 그 불에 이끌려서
무조건 불속으로 뛰어들어 타 죽는 곤충

재앙이 되어버린 사랑
증오하는 내가 싫어 결국 나를 미워하는
내가 태어났지 기댈 곳은 내 우울함 밖에 없었지

이것도 사랑이 아직 하는 일 이였나.

우리 자신 외에 아무것도 우리를 구해주지 않는다.
어느 누구도 그럴 수 없고 그러지 못할 것이다.
우리는 스스로 길을 걸어야만 한다.
자신을 등불로 삼고 자기를 의지하라.

〈석가모니〉

종말의 밤
모든 것은 어느 날 갑자기 그렇게 끝난다

승자와 패자의 게임 속
황야에 태어난 너와 나
우리

누가 그랬을까?
끝이 있는 우리들에게

어째서 끝없이 꿈을 꾸게 한 걸까
어째서 끝없는 희망을 준 걸까
어째서 하나같이 손에서 빠져나가는 것들만 줬을까

그럼에도 여전히 매달리는
우리는

추한 걸까 아니면 아름다운 걸까

내 발은 현실에 닿아 있지만
머리는 공상에 빠져있어

심장이 관 짝에 박힌 듯 아파도
절대 후회하지 않을 거야

내 팔 다리가 늙어 심장이 차갑게 식어
안식을 위해 눕혀졌을 때

과거를 후회하지 않아

사는 날 동안 꿈과 희망을 위해
굳건하게 서 있으려 최선을 다했으니

타 들어가지도 않아
난 벗어나 이 지독한 고통에서

끝도 없이 추락하는
나에게 날개가 있었으면 좋겠다

어느 날 문득,
우리는 어디에서 와서
어디로 가는 걸까

라는 물음표를 던질 때

?
  끝 모르는 허공 어딘가로
  나를 던져
       /
      O
        이런 내가 길을 찾을 수 있길.

승자는 구름 위에 태양을 보고
패자는 구름 속에 비를 본다.

승자는 실수했을 때 내가 잘못했다고 말하고
패자는 실수했을 때 너 때문에 이렇게 되었다
라고 말한다.

승자의 입에는 솔직함이 가득 차고
패자의 입에는 핑계가 가득 찼다.

승자는 행동으로 말을 증명하고
패자는 말로 행위를 변명한다.

승자는 책임지는 태도로 살며
패자는 약속을 남발한다.

승자는 벌받을 각오로 살다가 상을 받고
패자는 상을 위하여 꾀를 부리다 벌을 받는다.

〈디아스포라 유대경전 중〉

유토피아 또는 디스토피아
너는 신이 있다고 믿어?

신은,

버틸 수 있을 만큼의
고통을 주신다는데

날 얼마나,

강한 사람으로 보신 건지
묻고 싶네.

크러니까
나는 그때 그곳에서
히어로인 주인공을
기다리는 사람처럼
누군가 나타나서
나를 구해주길
간절하게 바라고
있었는지도 모르겠다

웜홀 여행

미망설

迷妄說

모든 실재 세계가 공허하며 환각에 지나지 않는다

신은 주사위 놀이를 하지 않는다.

〈아인슈타인 A. Einstein〉

킹덤
달이 뜨는 밤 영업을 시작합니다

보이지 않는 것들은 두렵지 않아
<u>죽음</u>

보이기 시작한 순간 두려움은 실체가 돼
<u>고통</u>

산다는 것은
태어남과 동시에 천천히 죽어가는 것일까

삶에게도 죽음에게도 괴롭힘 당하면서
산 것도 죽은 것도 아닌 것처럼

멸망한 세상에 홀로 남겨진다면
간절함으로 빌어보래

마음 약한 신이 있다면
소원을 들어줄 수도 있다니까

세상과 멀어질 때 누군가
세상 쪽으로 다시 등 떠밀어 준다면

그건
신이 내 곁에 머물다 간 순간 이래.

절망絶望 모든 희망을 끊어 버리다

갈망渴望 간절히 바라다

신기루의 시작
환상이 현실 이 되는 곳으로 당신을 초대합니다

나는 매일 멸망하고 있다
도망칠 것도 없이
이번 생은 망했다

망했었다 고 생각했다

삶이 끝날 거 같은 순간
기적에게 뉴턴의 사과처럼

    쿵
   /
  O
 .

  .

굴러 떨어졌다

어둠이 걷히는 그 곳
그 세계로

이곳엔 언제나 햇살이 비춰

    어떻게 오셨어요?

기적을 만나러 왔는데요.

    어서 와, 천사들의 소원을 담아 만든 도시에
    우리들의 놀이터에

신세계 신드롬
반하게 했으면 나머지 반은 네가 해야지

너는 누구일까?

나는 어느 날
신을 만난 것처럼

내가 낯선 언어로도
말을 할 수 있다는 것을 깨 닳은 것처럼

신의 권능을 본 것처럼
심장이 빠르게 뛰었다

너를 보고 있자니 이 세계가 일렁인다

나의 세상을 순식간에
꿈과 환상이 가득한 세계로 만들어 버리는 너는

분명 나의 세상 전부가 될 거 같았다

지겨웠던 나의 세상에서
나는 너의 세계로 들어와 새로운 빛을 발견했다

그렇게
네가 내 세상 속으로 걸어 들어왔다.

도박하는 자는
불확실한 것을 얻기 위해서
확실한 것을 건다.

〈블레즈 파스칼 Blaise Pascal〉

파스칼의 내기
도박장에 없는 세 가지

다신 피어나지 않을 감정아래 카드를 새
사랑이란 카드를 돌려

사랑이란 카드가 떨어질 때마다
모든 것들이 나를 궁금하게 만들었지

순간적으로 깨 닿았지

너에게 빠졌어
네 존재가 내 삶에 활력을 불어넣어
너라는 돌파구는 내게 늘 새로운 세상을 알려줘
너는 내 세상을 뒤 엎어

여긴
들어올 때는 마음대로 들어와도
나갈 때는 네 마음대로 못 나가지

선택해야 돼
죽을지 아니면 가야 할지

자, 이제
운명은 내가 던진 주사위

답은 네 차례.

주사위는 던져졌다.

〈율리우스 카이사르 Gaius Julius Caesar〉

신은 주사위를 던졌다
신은 우연 주사위 놀이는 확률

얻는 게 있으면 항상 잃는 게 있지
둘은 늘 쌍둥이처럼 함께 존재해

살면서 네가 얻은 건
전부 네가 잃은 것들로 이룬 거니까

운명은
누구에게나 늘 가혹한 거야
겨울이 지나야 봄이 오듯
꽃이 피면 꽃이 지듯

어둠이 있어야 빛이 생기고
죽음이 있어야 탄생도 있는 거야

달도 가득차면 기울어

∴
운명이란 결국
항상 매번 예측할 수 없는
주사위를 던져 나온 숫자 같은 걸까?

내가 바랬던 숫자가 아닌 다른 숫자가 나와서
속상하기도 하고, 실망하기도하고, 좌절하기도 하고

가끔은 내가 바랬던 숫자가 운 좋게 딱 나와줘서
즐겁기도 하고, 웃기도 하고, 행복하기도하고

어쩌면, 나는 매일
주사위를 던지며 살고 있었는지도 모르겠다

하루에 몇 번씩
결과를 알 수 없는 일이 시작되고
예상을 빗나가는 결과가 나와도
어쩔 수 없이 그 결과를 받아들여야 하며

내일을 바꿀 용기로
그렇게

오늘을 또 살아가니까.

Amor fati

네 운명의 주사위를 사랑하라.

〈니체 Friedrich Wilhelm Nietzsche〉

사탕 보다 달다
사랑일까?

당신과 나의 블루 하와이 칵테일 같은 여름은
이렇게 재생버튼이 눌렸어

술은 좋아하지 않지만
당신에게는 얼마든지 취할 수 있어

빠르게 빠져드는 우리가
서로를 다치게 할 수 있다는 걸 알지만

빠르게 빠져든다 해도 좋아
몰라 이젠 망가진다 해도
함께 라는 이 곳이 정답 이겠지

점점 더 서로를 욕심내기 시작해
그제서야, 비로소 온전히 네가 보여

당신은 초콜릿이 맞았네
녹아드네

어쩌면
우리가 가지고 있는 색깔이
비슷할지도 모르겠다는 생각이 들어

그때부터
내 시선은 온통 너였는 걸.

치솟은 도파민
너를 사랑하기 10초 전,

도배돼 너로
　레몬 같이 상큼한 너로
　　미치겠네
　　　파도가쳐 너로 인해 내세계가
　　　　솔직해 질게 첫눈에 반했어 내가 너한테. 너는
　　　　　라일락같아. 꽃 잎이 심장을 닮았다는
　　　　　　시간이 멈춰 널 보면 내 심장까지 멈춰 세워
　　　　　　　도돌이표: 첫마디부터 다시 반복

네가 왜 이렇게 좋지?

널 보는 순간
온통 라벤더 빛으로 변해

여긴 꽃밭 아니 우주
아니 다른 행성 그 어딘가

이렇게 좋을 수도 있나?

너의 숨소리 하나하나마저 음표가 달려
네가 숨 쉴 때마다 음악이 돼

띵동
고막에 봄이 배달 왔습니다

노래가 흘러나와

                        도 레 미 파 솔 라 시 도

너의 언어로 말해줘
너처럼 예쁜 애는 이런 언어를 써요?

이렇게 좋아도 돼?

내 심장은 지금 시한폭탄이야
언제 폭발될지 몰라

대체 이게 뭐지

이거 사랑이지?
사랑 맞지?

도파민

Dopamine

도파민은 쾌감이나 즐거움 등과 관련된 뇌의 신경세포의 흥분을 전달하는 역할을 하는 신경전달물질의 하나이다.

도파민은 쾌감, 에너지, 의욕, 동기부여, 흥미 등을 부여하는 물질로 알려져 있다. 즉, 긍정적인 감정에 관여하는 물질이다. 또한 집중력이나 학습 속도, 작업 효율 등에도 관여하는 것으로 알려져 있다.

또한 도파민은 원인 불문의 쾌감 및 중독 성향과 관련이 있으며 약물 및 도박 중독의 원인으로 작용한다. 도파민은 보상회로와 관련된 신경전달물질로서 갑작스럽고 자극적인 쾌락이 자주 주어진다면 금세 내성이 생겨버린다.

도파민의 분비가 비정상적으로 낮으면 제대로 움직이지도 못하며 감정표현도 잘 하지 못하는 파킨슨병에 걸리게 되며, 분비가 과다하면 환각 등을 보는 정신분열증에 걸릴 수 있다.

사랑에는 도파민뿐만 아니라 노르에피네프린도 관여한다. 노르에피네프린이 활성화되면 각성, 에너지 상승, 식욕 감소, 주의 집중, 기억력 상승 등과 같은 효과가 나타난다.

사랑하는 사람과 같이 있으면 심장 박동이 빨라지고, 땀이 나며, 손발이 떨리는 것도 노르에피네프린의 작용이다. 사랑하는 사람과 나눴던 대화 하나하나가 뚜렷이 기억되고, 몸짓이나 냄새까지도 오랫동안 기억되는 것도 노르에피네프린이 집중력을 향상시키기 때문이다.

사랑을 할 때 뇌에서 흥분되는 부위가 있으면 기능이 떨어지는 곳도 있게 마련이다. 사랑할 때 기능이 떨어지는 부위는 이마엽과 편도이다. 이마엽의 기능이 떨어지면 판단력이 흐려진다.

내 사랑은 불량 식품 맛이야
뱉거나 혹은 삼키거나

좋아하는 애일수록 괴롭히고 싶다는 게 진짜구나?
엉망진창으로 만들고 싶어 지네
너를

빼앗고 훔치고 굴복시키고 싶어 지네
네 모든 것을

망가트리고 타락시키고 싶어 지네
내가 없이는 네가 아무 의미 없게

나만 보고싶어 지네
내가 망가트린 망가진 네 모습을
네가 내 품 안에서만 추락했으면 좋겠어

아무래도 나비처럼 날아갈 운명이었던
너를 붙잡아 미치게 만들어야겠네
내가 없으면 네가 괴롭고 어둠에 빠지도록

악마처럼 달콤하게 속삭여 네 손을 잡고
절대 놓아주고 싶지 않네
내가 없는 네 세상은 상상도 못하도록

네가 미치도록 나만 원하도록.

사랑에는 늘 어느 정도 광기가 있다.
그러나 광기에도 늘 어느 정도 이성이 있다.

〈니체 Friedrich Wilhelm Nietzsche〉

미치광이의 사랑
반미치광이처럼 원하던 엔도르핀

내 꽃이 되어줘
시들지 않는 마음을 가져다 줄게

너는 꽃 같아
이 세계에 하나밖에 없는
아주 예쁜 꽃

그래서 꺾고 싶어
그리고 망가트리고 싶어

네 몸에선 아주 달달한 꽃향기가 나겠지?

그러면
네가 아파하겠지
난 네가 아픈 건 싫단 말이야

내가 소중히 가꾸어 줘야겠다
네가 잎도 나고 꽃도 필 수 있게.

엔도르핀
endorphine

<u>뇌 속의 마약</u>

엔도르핀(endorphin)은 몸 안에서 분비되는 모르핀(endogenous morphine)이라는 뜻이다. 모르핀(morphine)은 아편의 주성분으로 마약성 진통제이다.

우리의 뇌속에는 모르핀보다 백배나 강한 마약 엔도르핀이 있다. 엔도르핀은 뇌에서 생성되는 천연 마약으로 불린다.

엔돌핀은 도파민, 옥시토신, 세로토닌과 함께 행복을 주는 화학물질(happy chemicals) 이라 부른다.

엔도르핀은 모르핀보다 1백 배 정도 강력한 진통 작용을 가지고 있어 아편과 유사한 작용을 한다.

엔도르핀은 고통을 없애 주는 작용과 기분을 즐겁게 하고 하늘을 날 듯한 비상감 같은 느낌을 경험하며 행복을 느끼게 한다.

우리는 세상에 태어나는 순간부터 마약에 노출된다. 분만할 때에 산모와 태아가 받는 고통과 통증은 말로 표현할 수 없을 정도로 크기 때문에 산모의 뇌에서 엔도르핀이란 마약이 최고도로 유리되어 나와 산모와 태아가 받는 고통을 덜어주게 된다.

엔도르핀은 사랑을 느낄 때, 흥분 시, 오르가즘을 느끼는 경우, 고통을 느끼는 경우, 운동을 할 때, 매운 음식을 먹었을 경우 등 분비된다.

한여름 밤의 high teen
밤 하늘에 수 놓인 모든 것들이 운명위로 내려오네

나는 이제 너 랑이면 그냥 다 좋아
지금 이 순간마저

약속할게
아무것도 망치지 않을게 네가 바라는 사랑만 줄게

난 아마 너의 새로운 모습을 알게 되더라도
그 모습까지 사랑하게 될 거야

내게 넌 특별해
이건 오랫동안 변하지 않을 거야
너는 내가 처음 사랑한 눈동자야

내 눈엔 다 보이는데 왜 너만 몰라?

밤하늘을 볼 때 난
너의 눈동자에 비친 것들만 보았는데.

그거 녹차 아니고 독차야
멈출 수 없는 즐거움은 어떻게 멈추지?

너는 내가 늘 찾던 거야

날 깨운 건 너지만,
목을 죄는 것도 너야

내 머릿속은 너로 가득 차 있어
온종일 너만 생각 했어

내 생각 이상으로
넌 이제 내게 없어서는 안 될 존재가
되어버린 것 같아

너는 나에게
마치 독이든 차 한잔 같아
중독

근데
나는 이미 그 차를 마셔버렸는데.

사랑의 중독
Love addict

사랑도 일종의 중독이다.
행복한 감정을 느끼게 했던 호르몬에 대한 중독.

사랑을 느끼게 하는 데는 도파민, 페닐에틸아민, 옥시토신, 엔돌핀 등의 물질이 관여한다.

사랑을 하게 되면 체내 화학 물질들이 나와서 기분이 좋아지고 행복해지지만 18개월에서 30개월 정도 되면 체내에 이런 물질에 대한 일종의 내성이 생긴다.

사랑에 빠지면 도파민의 과도한 활성이 나타나 중독 때와 같은 증상이 일어난다.

모든 중독 상태와 마찬가지로 내성과 금단이라는 특성을 지닌다. 점점 더 강한 자극이 있어야만 상태를 유지할 수 있고, 그렇지 못하면 오히려 실망과 환멸감만이 남는다.

마약에 중독되면 시간이 지날수록 점점 더 많은 약이 필요하듯이 마치 처음에는 진통제 한 알이면 되던 것이 나중에는 마약성 물질을 부어 넣어도 모자라게

된 환자처럼 처음의 자극은 더 이상 신선하지도 가슴 뛰지도 않게 되는 것이다.

뇌의 호르몬 변화로도 영원한 사랑은 불가능 하다는 것을 알 수 있다. 영원하지 못하고 심지어 병적인 요소마저 지니고 있는 것이라면, 어떻게 이 세상에는 수십 년이 지나도 행복한 사랑을 유지하는 사람들이 있는 것일까?

어느 순간 서로에게 도파민이 아니라 다른 호르몬으로 두뇌대사가 바뀐 것이다. 사랑 대신에 새로운 관계가 형성되는데 이를 애착이라고 한다.

애착이란, 깊고 따뜻한 동반자적 사랑이라고 말한다. 애착은 자신의 삶이 타인과 깊게 결합되어 함께 생활하는 것에서 행복을 느낀다.

애착이 뇌 속에서 어떻게 작용할까?

여성은 옥시토신, 남성은 바소프레신 수치의 변화가 주로 동반된다고 한다. 옥시토신과 바소프레신은 보상 회로에 작용하여 배우자 선택과 애착 행동을 유발한다. 옥시토신이나 바소프레신은 특정 대상을 가려서 나타나는 성적 흥분 혹은 새끼들을 돌보려는 본능적 성향과 관련이 있다.

80년 만에 가장 뜨거웠던 열대야
그 한번의 여름을 믿어

혹해서, 저지른 지금의 선택이
많은 걸 바꿔줄지도 모르니까

그래 하자 뭐든, 네가 하고 싶은 거 다

내 비밀을 네가 다 알면
네 비밀을 내가 다 알면
우리는 어떻게 될까?

틀린 걸 물어봐도, 대답은 바르게 해 줄게

우리는 무슨 정해진 룰이라도 있는 것처럼
서로 비밀을 번갈아 주고받았다

우리에게 내일은 없더라도 더이상의 질문도 없이
이 이야기의 끝에 사랑만이 남기를 바라면서

나를 보는 네 눈길속에서
헤어 나올 수나 있을지 모르겠다

네가 나를 보는 관점에서
나를 보고 싶다.

무의미에 의미를 붙여 보았어
그래, 사랑에 빠졌어

어차피
나는 너를 사랑할 거였고
단지 조그만 핑계가 필요했을 뿐이야

이래도 내가 좋을 것 같아?
내가 가진 걸 다 보여줘도
나를 사랑한다고 말할 수 있어?

무엇이 옳은 것이고, 어떤 게 틀린 것일까

무의미에 의미를 붙이면 사랑이 되지만,
의미가 무의미로 변하는 순간 이별이 되니까

어쩌면 이 모든 것에는
애초에 답이 없었는지도 모르겠다

우린 그저 사랑할 수밖에 없었잖아
서로 운명처럼

때로는 우리 힘으로
바꿀 수 없는 일은 그냥 받아들일 수밖에
없다고 생각이 들었다.

무한한 미로
사랑과 낭만으로 마침표를 찍게

네 생각을 하다 보면
너는 항상 원점이야

무한루프 같아 생각이
빙빙 돌고 도는데 결국
같은자리야

미쳤다 해도 뭐 어때
이건 아마 무한하게
영원히 지속될 텐데 평생동안

이제 내 마침표는
너니까.

우리만이 사랑할 수 있고
이전에 그 누구도 우리만큼 사랑할 수 없었으며
이후에 그 누구도 우리만큼 사랑할 수 없음을 믿을 때
진정한 사랑의 계절이 찾아온다.

〈볼프강 폰 괴테 Wolfgang von Goethe〉

추락할 용기
내가 너의 신이 되게 해줘

여기보단 더 높은 곳으로
올라가는 게 좋잖아

몇 천 마일도 작은 간격일 뿐이야

두려울 건 하나도 없어
그런데 무슨 이유가 더 필요해?

나를 믿어
내가 너의 낙하산이 되어 줄게.

그래 좋아
나를 떨어뜨려줘

그리고
추락하는 나를 잡아
너에게 안길 테니

나에게 날개가 있었으면
좋겠다고 생각 했어

끝도 없이 추락하는 당신을
내가 잡아줄 수 있게.

너는 속삭였지
너는 단번에 나에게 봄이었어

나는 겁도 없이 너에게 뛰어들었고
사랑이 흘렀다

사랑의 취기가 마음대로 머릿속을 어지럽혀
사랑이 멋대로 흘렀다

가슴 벅차오르는 너라는 달
나는 길 잃은 별인가요?

달빛 가득히 너와 물드는 영원의 밤
사랑이 넘치도록 흘렀다

영롱한 보석처럼 반짝이는 빛을 일렁이는 너
선명하게 너만 보여

무채색인 세상에 유일한 색감 같아

너라는 조합이 나는 좋아
우리라는 완벽한 조합이 좋아.

감당 안 되는 조합
불완전한 존재이기에 아름다운 우리

함께 유랑하자 꼭 잡은 이 손을 놓지마
나 때문에 네가 존재하는 거란 소리가 듣고 싶어
그 말

넌 내 손을 놓지 않을 거야
맞지

너에게 가장 필요한게
나였으면 좋겠어

네가 나 때문에 사랑이
어려웠으면 좋겠어

너에게 가장 잔인한게
나였으면 좋겠어

네가 나를 못 견뎌서
밤새 울었으면 좋겠어

그래도 이왕이면 너를 망치는게
나였으면
끝까지 나였으면,

곧 죽어도 나였으면 좋겠어.

소원을 들어주는 바다
숨을 얻는 순간 영생을 꿈꾸네

미친 듯이 사랑해
너는 나한테 내가 지금 당장 숨을 멈추어도 좋을 날이 되어 주라
나에게 숨을 불어넣어 다시 숨 쉬게 하는 널
내 종교로 삼고 싶다

천국에 가지 않아도
네가 이곳이 천국이라 한다면,
나에겐 아마 이제 이곳이 천국 일 테니

지옥에 가지 않아도
네가 이곳이 지옥이라 한다면,
나에겐 아마 이제 이곳이 지옥 일 테니

넘치는 사랑은 병이다 그리고 진통제가 너라면
나는 아픈 게 좋다.

영원의 밤
그 안에서 반짝이는, 빛나는 우리

폭죽 같은 찰나의 감정에
휘둘리는 것이 싫어

너를 밀쳐내도

살아 움직이는 내 모든 혈관에
다시 숨을 불어넣어

기어이 너는 내 안에서
폭죽을 터트러

유성우가 비처럼 흘러
하늘위로 불꽃이 터지는

영원의 밤에

나, 하나 너, 둘
우리, 세계를 네게

나는 바란다

복잡하고 소란한 일들이
많이 일어나는 이 세계에서

부디

함께하는 우리가 영원하기를
언제나 너가 영원하기를

그럼 나도 영원할 테니.

우주를 한 사람으로 축소시키고 그 사람을 신으로
다시 확대하는 것이 바로 사랑이다.

〈빅토르 위고 Victor-Marie Hugo〉

플라시보 효과

Placebo effect

가짜 약을 진짜 약이라고
속이고 투약했을 때
실제로 병이
낫는 현상

유배시킨 상처는 반드시 되살아 난다.
마치 잔불처럼,
상처를 치유하기 위해서는
처음부터 고통을 다시 겪게 되더라도
한번은 상처와 정면으로 마주해야 한다.

〈베르벨 바르데츠키 Barbel Wardetz〉

고통과 쾌락은 한 끗 차이
행복의 절정은 고통의 심연

따뜻한 것들은 항상 사라져

다 꼭
사라지기만을 위해서 존재하는 것처럼

나는 겁이 났다
이러다 너까지 갑자기 사라져버릴까봐

네가 없을 때의 내가 두려워지기 시작했어

흐르던 나의 하루에 너 하나 떨어졌을 뿐인데
내 세상의 주인이 너로 바뀌어 버렸다

사랑은
고통을 허락하는 것이라고 생각했다
내가 사랑한 모든 것들은 결국 나를 아프게 할 테니까

다시는
아무것도 사랑하지 말아야지 라고 생각했다
나는 늘 불안하고 완전하지 못할 테니까

또다시
사랑을 믿어보고 싶어 지면 어쩌지
우리의 사랑이 영원할 수 없대도.

가까이 봐
넌 작은 별이지만 빛나고 있어

내 행복이 영원하게만 느껴졌다
내가 이렇게 행복해도 되는 걸까

이렇게 행복하고 좋은 일이 생기면
마치 그만큼의 불행이

나를 기다리는 기분이 드는 건 왜일까

행복의 크기가 크면 클수록
그 뒤에 오는 공허함은 더 크게 다가왔다

이 행복을 계속 유지하고 싶다면
나는 또 끊임없이

노력해야겠지.

사람들은 행복이란 게
저 멀리 있는 것이라고 생각해.
어떤 복잡하고 얻기 힘들 걸로
하지만, 비가 내릴 때 피할 수 있는 곳.
자기가 사랑하는 사람과 함께 있을 수 있다는 것.
그런 것들이 행복을 만들어 주는 거야.

〈베티 스미스 Betty Smith〉

深淵

빠져나오기 힘들지만
건너가기 위해서는
반드시 거쳐야 하는 것

우린 같은 템포 다른 노래야
Feat: 불행은 관음증 환자 마냥 오늘도 엿본다

불행이 뒤돌아서 나에게 인사한다

'한정된 수명 속에
그득하게 들어찬 욕망의 결정체인 인간
인간의 사랑은 생각보다 위험해
사랑을 얻기 위해서 세상을 버릴 수도 있지
난 늘 그게 재밌어
모두들 미소 뒤에 불안한 마음을 숨기지
닿으면 결국 사라지는 것들을 계속해서 사랑하는
너네 들이란 여전히 하찮고 멍청해
바보들이 만든 천재 같은 곡
멜로디에 속아 또 가사를 잊지

검고 긴 불행의 그림자가
나를 소름 돋게 훑고 지나간다

맞아
네가 맞아
네 말이 다 맞아

나라고 다를 바 없는
하찮은 한 인간일 뿐이니까

따뜻하게 불어오는 평온한 바람이
거센 태풍보다 두려웠던 적이 있었다

너도 그랬다.

새벽에 비행기 타는 느낌 알아요?
여름의 종착지는 영원

언제든 잃어버릴 수 있는 거 라고 생각했기에
마음 깊이 너를 받아들이고 싶지 않았다

사랑이라는 건 얼음처럼 금방 녹아버리는
가치일 뿐이니까

다정도 배려도 그저 찰나의 변덕일 뿐이란 걸
누구보다 잘 알면서도

다정에 녹는 건 언제나 늘 한결같다
바보같이.

배려 配慮 마음을 써서 보살펴 주는 마음

배죄 配罪 배품을 베풀어드리심

절벽 위로 몰아치는 파도
너는 대체 나에게 어느 정도일까?

잠수도 할 줄 모르면서
무작정 달려가 빠지고 싶은 바다
같은 존재야 너는

아마 이제 나는 너를
사랑하는 것을 멈추지 못할 것 같았다

불안은 계속 나를 절벽 끝으로 내몰았지만
그럼에도 나는 사랑할 수밖에 없었다

설령 내 심장이 찢기고
멍든 상처투성이가 된다 해도

너를 더 사랑하게 되겠지

이미 나는 너라는
절벽을 향해 돌진 중이였으므로

사랑이 멈추는 곳까지 한번 달려가보지
뭐.

날 떠나더라도 사랑해
벌써, 너 없이 슬플 나를 어쩌면 좋지

나는 너를 너무 사랑해서
겁이 났다

나한테 너는 있잖아
아주아주 소중해

나는 네가 너무 너무 소중해서
언젠가 찾아올 이별이
벌써부터 두려워

소중한 것은 왜 두려운 걸까?

만약 기억이 통조림에 들어 있다면
영원히 유통기한이 없길 바란다.
유통기한을 꼭 적어야 한다면
내 사랑의 유통기한은 만 년으로 하고 싶다.

〈중경삼림 중〉

위태로운 기쁨에게
넌 날 어디로 데려갈 거야?

지금 느끼고 있는 이 감정이
한없이 서로를 또 추락시킬까 봐
나는 그게 겁이 났다.

정말,

영원이란 게 있을까?
너는 언제까지라도 내 옆에 있어줄 수 있을까?
절망 없는 사랑이 있을까?
우리는 영원히 행복할 수 있을까?

나의 최애의 i
Summer For You, 우리의 여름

내가 어떻게 밀어내겠어
네가 이렇게 다정하게 다가올때면

너의 모든 손짓 몸짓이 *사랑해, 사랑해줘, 사랑할래,*
이렇게 말하고 있는데

이제 더이상 스스로에게 묻지 않을래
내 세상을 너에게 건네어도 괜찮을지 말이야.

소고록

小考錄

위로를 새기다

그 표정이 제일 예뻐
넌 행복한 게 어울려

네 여린 마음에
널 숨기고 만 그 어둠에서
이제 그만 나와

꼭 끌어안고 내가
네 편이라고 몇 번이고 계속
속삭여 줄게

너에게 오로지 사랑만 있게.

바다에 기대어
밝은 네 뒤 엔 어두운 내가 지키고 있을 테니

불행이 너를 찾아오면
내 안에 숨어

네가 불안이 아닌
기대로만 가득 차 있게

널 괴롭게 하는 것들은 더
이상 존재하지 않게

지금 주저앉게 하는 너의 모든 것들이
너의 날개가 되어 간절히 바라던 일들이
전부 다 기적처럼 이루어지게

불행이 길을 잃어 너를 찾지 못하게

네가 지옥에 있다해도
난 네가 있는 그 지옥으로 널 따라가 사랑할 거야.

어둠 속의 빛

불행이 길도 없이 달려올 때 우리는 서로의 눈을 가려주었지

네 세상이 어둠이 된다고 해도
이제 더 이상 두려워 하지마

내가 너의 빛이 되어 줄 테니

너의 세상을 환하게 밝혀 줄게
네가 무섭지 않도록.

네 세계에 어둠이 찾아오면
나는 너의 어둠을 밝히려고 하지 않고
그 어둠 속에서 너의 손을 잡아 줄게

너와 함께 그 어둠을 걸어 나갈 수 있도록

나는 힘이 되고 싶어
너에게.

모래시계

내 불행 끝에 네가 있었던 거라면, 그 불행마저 모두 괜찮다는 생각이 들어

만약
시간을 되돌릴 수 있다면 나는
네가 아팠던 그 시간들 속으로 가고 싶어

네가 아팠던 시간들 속에서 나는 그냥
가만히 네 옆에 앉아 같이 있어주고 싶어

그저
너의 아픔이 덧나질 않길 바라면서

그때의 네 옆엔 내가 없지만
지금은 그 시간들마저 네가 아프지 않길
바라는 내가 있으니.

행복한 사람들은 아름답다
그들은 거울처럼 되고 그 행복을 다시 반사한다.

〈드류 베리모어 Drew Barrymore〉

여름에게
가장 최선의 사랑을

네가 아픈 거 한 열 번 중에
아홉 번쯤 은 내가 대신 아파주고 싶어

앞으로는 네 슬픔도 네 아픔도
모두 내가 다 가져 갈게

끝이 보이는 것들에겐 미련이 없었는데
너는 끝이 보이지 않아 계속 노력하게 돼

여기에서 나는 사라질 게 더이상 없어
이제 아무 의미 없다고
너 없이 존재하는 나는

그러니까 네가 이젠
내 곁에서 외롭지 않고
조금 덜 힘들었으면 좋겠다고.

넌 0순위야
여름이 알려주는 인생 수업

똑같은 옷 입었다고
똑같은 대우받는 거 아니야

개 돼지들 이랑 말 섞지 마
그런 걸로 감정 소비 낭비 하지마

손바닥으로 어찌 하늘을 가릴 수 있겠어
진실은 하늘이 알고 땅이 아는데
굳이 소리내지 않아도 언젠가는 진실은 들어나

죄의식도 못 느끼는 도둑들이
숨을 쉬는 것도 역해 난

어느 방향으로 내리던 그치지 않는 비는 없어
잠깐 쏟아지는 소나기에 상처받지 말고
아프지 말고 눈물 흘리지 말자

이 또한
다 지나갈 시련에 불과 할 테니
울지 말자 웃자

나는 늘 그 자리에 있어
강건해 절대 안 흔들려

항상 흔들리지 않고 그 자리 그대로 서있을게
걱정 마

네가 기쁘면 나도 기쁘고
네가 슬프면 나도 슬퍼

내 옆에 네가 있듯이
네 옆에도 변함없이 내가 있어

너에게 한마디 한마디
모두 진심을 눌러 담아 하는 것이지
결코 가볍게 공수표 던지는 거 아니야

행복하게 살자
1번으로 행복하게 해줄게
맹세해

사랑한다 내가 많이.

시가 될 여름 이야기
아, 너보다 시적인 건 없다

정체성 혼란과 회의감에 젖어 있던 내게
매번 새로운 길을 안내해주는 아름다운 나의 천사

나는 너의 밑바닥도 사랑해. 너의 치부도 사랑해
널 울게 만드는 것들은 모두 죽어버렸으면 좋겠어

가령, 세상이 모두 너에게 돌을 던진다면
내가 전부 막아주진 못하겠지만 함께 맞아 줄게
네가 혼자 아프고 외롭지 않도록

평생 네 편 하나 생긴 거야
그니까 그만 울어도 돼
내가 남은 생 너에게 행복만 줄 테니

그리고 돌멩이들은 앞으로 신경쓰지마.

내가 사랑하는 것들을 바라본다.
내가 사랑하는 세계를 담는다.
그 세계의 중심엔 항상 너가 있다.

여우비

내일 비가 온다 해도 우린 매일의 햇빛에 대해 이야기하자

어느새, 웃고 있을 거고
어느새, 이 행복이 끝나지 않았으면
좋겠다고 생각하는 날이 올 거야

시간이 너를 거쳐 가면서
힘든 것도 잠시 거쳐가는 것뿐이야

물 흐르듯이 다 흘러갈 거야

오늘 비가 온다고
매일 비가 오지는 않으니까

비 별거 아니야
매일같이 어떻게 일기예보만 들여다봐

너 혼자 우산 없어도 별거 아니야
우산 없는 날도 있는 거지

비 오는데 우산이 없으면
그냥 맞으면 돼

맞고 뛰어가면, 금방 목적지야
봐, 별거 아니지?

모래에도 꽃은 핀다
너는 그저 예쁘게 피어나기만 하면 돼

꽃이 피려면,
바람도 스치고 비도 맞아야 돼

태풍이 지나간 자리에도
꽃은 피어나

태풍까지 이겨낼 만큼
땅속에 있는 뿌리는 무척 단단했던 거야

단단했던 만큼
힘들게 이겨낸 만큼

어떤 꽃보다
아름답게 그리고 튼튼하게 필 거야

너라는 꽃
또한.

스스로를 학대하는 너에게
살아있기에 인생은 아름다웠음을

너는 스스로에게 너무 엄격해
그래서 꼭 너 자신을 학대하는 것만 같아

너 자신을 사랑해줘 조금은 관대해지고
그 누구도 너의 노력을 폄하하고
너에게 상처 줄 수 없어

너 나에게는 그렇게 관대하면서
네 자신에게는 왜 그리 각박해!

이제 똑똑이 취소야

난 네가 이기적일 정도로 너 먼저
정말 너 자신 먼저 생각했으면 좋겠다

필요하다면
사랑하는 사람마저 쉽게 버릴 수 있을 정도로.

총량의 법칙
다 괜찮아. 알았지?

모든 것엔 총량이 정해져 있고
그 총량을 벗어나 존재할 수 없어

할당된 불행만큼
행복의 총량이 있다는 거지

만약,
지금 네가 불행을 다 몰아서 썼다고 하면

이젠,
너한테는 행복만 남은 거지

힘들 때는 어떻게 행복할지 고민하면서
행복할 준비만 하면 되는 거야

그러니까
아무리 힘들어도 주저앉지마

무너질 때면
바로 일어나지 말고 한번 앉았다가
하늘 한번 보고 일어나면 돼.

花樣
화양
年華
연화

인생에서 가장 아름답고 행복한 시간

Big Bang
널 우주의 주인공으로 만들어 주고 싶어

내 세계의 모든 것을 주고 싶다
별을 따서 너에게 줄게
네 손에 달을 바칠게

그냥 너에게 날 바칠게

내 남은 날들을 비워 놨어
긴 생에서 가장 특별한 찰나가 될
너를 위해

이젠 네가 나의 우주야
우주의 주인공으로 만들어 줄게.

우주까지 가지 않아도 좋았다.
넌 이미 내가 발을 딛고 있는 행성이니까
이 행성이 멸망할 때까지
나는 사랑하고 또 사랑할 수밖에.

자, 내 손을 잡아
너도 나를 사랑한다면 언제나 그리고 영원히

나는 요즘 너가 선물해준
새로운 것들로 사는 기분이야

너를 만나고 내 모든 것이 바뀌었어

가만히 생각에 잠기다 보면
너와 연이 맺어지려고
내 평생을 이렇게 지내온 게 아닌가 싶어

난 원래 변덕도 심해 늘 내가 먼저 버려왔는데
넌 유일하게 지키고 싶어

너에게 조금이라도 소중한 것들까지도
다 지켜주고 싶어

내가 너의 것이고 싶어

너의 슬픔마저 사랑해 심지어
너의 상처와 고통까지도

다 내 것이고 싶어

내가 만든 울타리 안에서
영원히 널 웃게 해줄게

넌 그저 걱정 없이 따뜻한 내세계에서
행복해져라. 따뜻해져라.

추운 내게,
너의 세계는 너무 따뜻했으니

네 세계에서 나는,
네가 쉴 그늘이 될 수 있기를 바라.

고통도 함께 나누자
싫으면 시집가, 여긴 빌런의 나라야

세상이 멸망하면 둘이서 놀면 되잖아

악당도 될 수 있어
너를 지킬 수 있다면

팔베개를 좋아하던 너에게
팔을 잘라 줄 수도 있어

널 위해서라면
내 심장이라도 바칠 테니

나의 것
다치지 마 아프지 마

그냥 아프지만 말고 울지 말고
그렇게만 있어줘

날수 있는 너의 등 뒤의 날개를
내가 꺾은 건 아닌지

네가 나로 인해 피폐해지고
망가지는 건 아닌지

미안하고 또 미안해

이러지도 저러지도 못하겠다만
그저 사랑해

그것도 아주 많이 아끼고
사랑해

난 너를 위해 만들어진 존재 같아
너를 사랑하기 위해서

너를 향한 내 마음을 표현하기엔

사랑이라는
이따위 표현도 부족해!

To.
나의 Baby

　　　　　네가 나에게 써준 글을
　　　　몇차례나 다시 읽고 읽기를 반복했어
　　　　　몰라 너무 어려워 섹시해
　　　　무지한 나를 너의 세계로 이끌어줘
　　　　그럼 나는 너에게 세상을 바칠 게.

From.
너의 Teddy

"난 원래 영웅이 되고 싶었어.
영웅이 될 수 없으면 그냥 악당이나 될래."

영웅은
세상을 위해
나를 포기하지만,
빌런은
나를 위해
세상을 바친다.

언어의 유혹
'안녕' 이라는 말의 의미

금 가고
깨지고
넘어지고
다치고
찢어졌을 때에는

주저하지 말고 나를 찾아와
나는 언제나 너의 돌아올 곳이 될 테니까.

너의 세계에서의 '안녕'은
돌아오는 '안녕'만 있었으면 했다.

IV

이데아

Theory of Forms

시간과 공간을 초월해 영원히 존재하는 것

바로 오늘.

영원한 건 오늘뿐이야.

지금 여기.

소나무
소중한 나와 너의 무한한 행복을 위하여

우리 어렵게 맞잡은 이 두 손 꼭 놓지 않기를

우리 앞에 큰 파도가 밀려와도 어렵게 맞잡은
이 두 손 더 꼭 잡고 함께 헤쳐 나아 갈수 있기를

우리 에게 거대한 풍파가 휘몰아쳐 와도
서로가 서로의 방파제가 되어 함께 이겨낼 수 있기를

무엇보다 당신이 파도에 쓸려 아파하는 일 없도록
당신을 지킬 수 있는 힘과 용기를

나에게.

밤의 침묵 속
조용히 내게 축복을 빌어주던 너

존재에는 종말이 늘 함께해
시작 있으면 끝도 있듯이

모두 이별을 품고 사는 거야

숨이 붙어있는 것들만 사라지고 죽는 것이 아니야

너에게 오늘이 마지막이라면
지금 이 순간의 기억이 너의 마지막이야

그니까 반짝거리는 순간만 남기고
아픈 순간들은 빠르게 다 지워버려

우리에게 오늘이 마지막이라면
서로 사랑하기만 해도 모자란 시간들이네

죽을힘을 다해 사랑해야겠다
그치?

삶은…계란
교수님 그래서 삶이 무~야호!

삶이 뭐냐니…
정말 어렵네

삶은
진흙 속 피어나는 한송이 연꽃?

삶이란,
누구도 과거로 돌아가서
새롭게 시작할 순 없지만

지금부터 시작하여
새로운 결말을 맺을 수는 있어

자신의 한계도 인정하면서
당당하게 세상을 살아갈 때
진정한 행복을 가질 수 있다고 생각해

뭐, 각자 다른 자기 자신만의
신념들이 있겠지?

지금 이 시간들을 잊지 않고
내 신념을 지키며 물 흐르듯이 살다 보면

내가 머릿속에 그리는 그림이
완성되지 않을까?

피카소처럼 가득 그려보자
앞으로 우리가 함께 행복할 날들만

베비 -:
너의 꿈을 펼쳐봐!

몰라 너무 철학적인 이야기들이야
너의 꿈을 펼쳐봐!

결국
2 × 3 = 1357 NO 답이다
정답은 없다 이거야

답 같은 거 몰라도 돼

지금 당장
아무것도 모르겠다면
매순간 죽어라 살아가 보면 되지

그렇게 살아가다 보면
언젠가는 깨닫는 날이 오지 않을까?

아,
이 순간을 위해
내가 모든 걸 겪어야 했구나

행복한 결말은 나의 것 이였구나
다 끝까지 가봐야 알 수 있는 것들 이잖아

이렇게 너와 내가 만나게 된 것처럼
우리가 이렇게 뜨겁게 사랑하는 것처럼

시간은 결국 이렇게 흘러가잖아
어차피 보내줘야 할 시간이라면

이 시간 우리는
사랑으로 가득히 채워 흘려 보내주자

참,
운명이 뭐냐 고?
너랑 나.

무슨 일이 있었던
얼마의 시간이 걸리던

결국 이렇게
흐르는 물을 거스를 수 없는 것처럼

우린 맺어졌잖아
자연스럽게

이런 게 운명 아닐까?

몰라 무겁다
너무 철학적인 이야기들이야

그냥,
너 팔 베게 해주고 누워서
아무 말 대잔치나 할래.

결핍을 마주하며
너의 밤이 소망으로 물들기를

붙잡고 있는 것보다 놓는 게
더 큰 마음이 필요한 거야

원래 마음이라는 게
마음대로 안 되는 거거든

약하거나 힘들어서 도망치는 건 잘못이 아니야
너무 당연한 마음인 거야

모두 약한 부분은 있어
힘들 땐 다 도망치고 싶어 하기도 하고

네가 강해야 하는 건 알겠지만
그렇다고 항상 참아야만 하는 건 아니라는 거야

우울해도 되고 불행해도 괜찮아

결과가 어떻든
넌 할 수 있는 최선을 다했어. 그럼 그걸로 된 거야

네 잘못이 아니야
모든 끝엔 반드시 그래야만 하는 이유가 있는 거야

빨리 털어내
진짜 네 잘못 아니야

알았지?

벌써부터 걱정하지마
견뎌 할 시간이 영원하진 않잖아

불안해할 필요 없어

미래는 그 모습이 보이지 않아
늘, 우리를 초조하게 만드는 거야

하지만,
그럴수록 초조해해선 안돼

미래는 보이 지 않지만
과거와 달리
반드시 찾아오는 거니까

별들은
모두 하나하나 다
엄청 밝게 빛이 나는 순간들이 있어

그 순간이 언제든 얼마가 걸리든
지금 당장 빛이 나지 않는다고 느껴져도

언젠가는 꼭
반짝거리는 빛을 내게 돼있어

단 한 번도
빛이 나지 않는 별은 존재하지 않아

중요한 것은

마침표. 보다 쉼표, 야
그러니 초조할 필요 없어

어차피 빠르게 사라지는 것들에
조급해할 필요 없어.

너의 꿈은
항상 널 안아주고 있잖아

반짝이게 눈부신
너의 빛을 잃지마.

후회의 길
우리는 지켜야 할 것이 생겼을 때 가장 절실 해진다

사랑아
내사랑아

너를 잃고 싶지 않아
내 목숨이라도 바쳐 지키고 싶은 사랑아

너에게 내 전부를 줄게 내 영혼을 바칠게
언제 어디서든 널 지킬게 내사랑아

네가 내 옆에 오래 머물 수 있도록
너를 사랑하기 위해 버려야 할 것들이 없는
좀더 나은 온전한 세계에서 너를 사랑했어야 했는데

어느 곳에 있든 어느 곳에 가던 내 곁에
네가 없다면 이제 나는 거기 있고 싶지 않아
너를 느낄 수 없는 곳 어디에도 있고 싶지 않아

내 소중한 사랑아
항상 사랑한다는 말 앞에 생략한 말이 있어

'내가 무슨 일이 있어도'

사랑해

내 전부를 담아 그렇게.

너와 나는 아픔을 공유하고
우리는 이제 꿈을 공유하지

너의 새벽이 길지 않았으면 해

네가 꿈에서 깰 때쯤 나는 사라질 거야
내가 떠나야만 너의 어두운 밤이 끝날 테니까

내가 사라지더라도
뒤돌아보지 말고 계속 걸어가

우린 돌고 돌아
결국 같은 길에서 다시 만나게 될 거야

네 세상 그 안에 내가 여전히 있으니까

결국 난 네 앞에 멈추게 돼 있어
자석 같이 계속 너에게 돌아갈테니까

그러니 아주 오랫동안 나를 잊지마
언제까지나 내가 여기 있었다는 걸
기억해야 해

너무 예쁜 내 사랑
사랑해

허물어지는 것을 안아보려고
두 팔을 벌렸지만

이미 나를 지나쳐 갔다

나는 감히 입에 담을 수 없는
사랑을 꿈꿨다.

내가 왜
사랑하지 않으려고 했는지
떠올랐다

사랑하는 것들이
한순간에 사라져 버리면

그 슬픔과 고통은
오로지
남겨진 것의 몫이니까

매일 밤
사랑하지 말 걸 그랬지
그게 뭐든

네가 주는 사랑에 익숙해지는
내가 무서웠던 거야

너까지 가버리면 난 또 혼자잖아.

One runs the risk of weeping a little,
if one allows himself to be tamed.

누군가에게 길들여진다는 것은
눈물을 흘릴 것을 각오하는 것이다.

〈생텍쥐페리 Saint-Exupéry〉

마침내 멸망하는 여름
찬란했던 우리의 불가피한 종말

이 별이 비추고 있는 곳은
너와 내가 다시 만나는 곳 이래

아마 사랑해 란 말이
너의 인사였을지도 모르겠다

사랑해
안녕

널 안아 줄 시간이라도 좀 주지
그 때 너의 품에 더 안겨 있었을 걸

내가 네 눈을 너무 늦게 봤지
바보같이 너를 밀어낼 시간에 더 사랑할 걸

네 세계에 내 발자국 하나 남았으면 돼

그거면 돼

나의 밤과 꿈을 채워주던
나의 달

사랑해
안녕

만약 이 모든 일들이
꿈이라면

영원히 깨어나지 않았으면 좋겠어.

🌙
이제 다시
현실로 돌아갈 차례였다.

망각_{妄覺} 없는 것을 있는 것처럼 착각과 환각 하는 망령된 생각

망각_{忘却} 어떤 일에 대해 잊어버리다

환영해 여긴 네 망각 속이야
그런데 이상해 네 이름 은 기억나

물기도 없이 흩어졌다
그토록 머금었던 그 꿈도

아주 긴 꿈을 꾼 것만 같아
잊히지 않는 정말 생생한 꿈

항상 그렇게 너는 예고도 없이 찾아와
한순간 나를 흠뻑 적시고 짧게 머무르다
이내 흔적도 없이 사라져 버린다

심장이 뛸 때마다 그 기억들은
온몸으로 퍼져가겠지

나는 계속 흔들릴 테고
계속 혼란스러울 테고
계속 심장이 욱신거리 겠지

망각은 언제나 나에게 다정했으며
언제나 영원하지 못했고 나를 병들게 했다.

나의 세계, 내가 숨쉬던 나의 바다
영영 돌아오지 않을 어제의 꿈

아침이 오면 모두 사라지겠지
모두 없었던 것처럼

너는 사라져 가는데
나는 여전히 너를 바라만 보고 있다

네가 두고 간 것들을 나만 보게 되었다
너를 뭐라 불러야 할지 모르겠다

내가 하도 울어서 바다가 생겼다
분명 파도가 몰려올 거라 생각했는데

우주가 무너져버렸다.

만일 한눈에 나를 찾지 못해도 그대,
용기를 잃지마오.

만일 나 이곳에서 달아난다면,
다른곳에서 나를 찾아주오.

나는 어딘가에 멈춰서서
당신만을 기다리니.

〈월트 휘트먼 Walt Whitman〉

네 세상은 온통 꿈이잖아
걱정 마, 여긴 네 꿈 속이야

떠오르는 아침의 눈꺼풀 속
뫼비우스의띠처럼 다시 눈을 감아도
다시 눈을 떠도 너는 무한 반복돼

홀린 듯이 찾게 되는 너라는 약
꿈속의 모르핀 이란 이름으로
나는 꿈에 쉽게 취했다

꿈에 한 번 젖게 되니
나가려 거든 내 속에 든 걸 전부 보내야 했어

너를 통해 나는 매번 행복을 꿈꾸었다

불안이란 참 무섭고, 망각이란 참 안락했으니
너라는 환상에 자꾸 기대고 싶다

그곳이 차마 꿈 엔들 잊힐 리야.

절벽에 피우는 꽃
간절함은 원하는 것을 이루는 원동력

활짝 핀 꽃 앞에 남은 운명이
시드는 것밖에 없는다 한들

우리
오늘을 살고 내일로 가자

죽기를 바라면서
꽃은 피길 바랬다

오늘도 너무 많은 사랑이
살아남아 있는

나의 허공이었으므로.

기억과잉 記憶過剰

한 번 보거나 겪은 일을 잊어버리지 않고 세세하게 모두 기억하는 것

시지프스의 형벌
우리는 왜 잊어야 할까?

잊고 싶은 순간들은 선명 해지고
잃기 싫은 기억들은 희미 해진다

영원히 잊는 것이 좋을까
영원히 기억하는 것이 좋을까

만약, 둘 중 하나만 선택해야 된다면
우리는 과연 어떤 것을 선택해야 할까

무겁고 커다란 바위를 산꼭대기로 올리고
바위는 무게에 다시 산아래로 굴러 떨어지고
올리면
떨어지고
올리면
떨어지고
올리면

떨어지고
반복해서 올려야 하는 잔인한 시지프스의 형벌

 결과를 알면서도 끝임없이
가치 없는 일을 반복해야 한다는 게
얼마나 잔인한 신의 벌이겠니

어떤 기억은 독이고
어떤 기억은 금이다

과거의
치욕의 순간들이
절망의 기억들이
시지프스의 형벌 마냥 영원히 되풀이된다면

좌절과 고통의 순간들을

반복해서 떠올려야
하는 형벌을 받으며

결국
괴로움에 죽어가겠지

점점 희미해지는 너의 잔상에
우리의 처음 만난 그 순간을
영영 눈과 마음에 담아 둘 수 있다면
얼마나 좋을까 라는 생각이
꼬리에 꼬리를 물고 계속 늘어져
여기까지 왔다.

둘 중 하나를 꼭 선택해야 된다면
어떤 것을 선택해야 하는지
답은 나도 잘 모르겠다.

그냥 너를 만나면 물어봐야겠다.
사실 그래서 쓴 거야.

내가 너를 잊어도
너는 나를 잊지 말라고

잊을 거 같으면
나를 다시 기억하고 또 기억하라고
말하고 싶었던 걸

빙
빙

돌려서

알츠하이머 또는 약물 중독
망각은 신이 인간에게 준 유일한 선물

기억은 자신을 죽게 만드는 병 이랬지

증오와 불안은 나를 괴물로 만들었지
오해와 두려움은 너를 괴물로 만든댔지

생각은 우리를 고통스럽게 괴롭혀 댔지

망각은 고통을 잊게 해주는 약 이랬지
망각은 우리를 고통으로 해방시켜 줬지

망각의 진정한 의미는 자유였지

태어남은 고통의 시작 이랬지
세월은 반항과 열정을 갖고 자유를 찾는 투쟁 이랬지

영혼은 본질이고, 나이는 허구랬지

그러므로 치매는 동정이 아니었지

동정 받아야 할 것은
망각이라는 자유를 얻지 못한 너희였지.

☾

영원 이란 단어는 지속되고 있는 것에는 붙일 수 없다
영원히 산다
같은 것은 불가능 하니까

영원이란 단어는 잃어버린 것들에게는 붙일 수 있다
영원히 죽었다
같은 것은 가능 하니까

탄생 = 진화, 세월 = 노화, 죽음 = 퇴화

진화와 퇴화의 중간 틈에 끼어 있는 노화는

퇴화로 가는 과정이 아닌 다시 진화로 가는 과정 아닐까
노화가 진행되면 하나씩 잊고 다시 아기처럼 되는 것은
퇴화가 아닌 다시 진화로 되돌아 가는 것 아닐까

즉 삶이라는 건
우리가 세상에 처음 왔던 그 순간으로
다시 되돌아가는 여행길을 걷는 것이 아닐까

세월이란
기억의 조각이 잔뜩 든 가방을 매고 여행길을 걷다가
어깨가 무겁고 아파와 무거운 가방에서 기억의 조각을
하나씩 꺼내 내려놓으면서 가벼워진 가방을 매고
편안하게 여행길을 걸어가는 것

그렇게 기억을 하나씩 놓아주면서 결국
삶이라는 고통에서 자유로워지는 것이 아닐까.

"어느 것을 잊고 싶어?"

"언제까지나 잊고 싶지 않은 것"

⟨앙드레 지드 Andre Gide⟩

세상은 창조주의 시험장
뭐가 소중한지, 뭘 바랬었는지 기억해

전부 포기하고 싶을 때
우울이 그대를 불태우게 하지마

천국이라기보다 지옥에 더 가까운
이곳에서 우리는 다시 상기시켜야 돼
자꾸 바라는 게 생기고 까먹으니까

내게 소중한 것
내가 지키고자 했던 것
내가 하고자 했던 것들

까먹은 걸 다시 상기시키려고
노력하고 또 노력해야 돼

변화를 기다리기만 하면 안 돼

바닥을 확인했으면
희망을 가지고 다시 올라갈 생각을 해야 해

늘, 떠오르는 태양처럼
내일은 다른 해가 떠오르니까
우리의 내일은
태양이 뜨는 한 계속될 테니까

지금의 고통에서 벗어나기 위해
빨리 몸을 움직여야 해

그 하루가 모여
오늘이 되고
내일이 되고

결국

우리의 미래가 될 테니까.

뒤돌아보니,
절망과 좌절은 내가 만든 결과물 이였고
우울은 그런 나를 외면하는 것에서 나오는 것들 이였다.
나의 인생에 부질없는 하루는 단 하루도 없었고
모든 것은 나의 선택 이였음을.

언젠가,
포기하지 않고 여기까지
뚜벅뚜벅 걸어온 내자신에게 대견하다고 말 해주고 싶다.

내가 헛되이 보낸 오늘 하루는
어제 죽어간 이들이
그토록 바라던 오늘이다.

⟨소포클레스 Sophocles⟩

진화심리학 進化心理學

인간의 뇌는 상황에 따라때로는 복수를, 때로는 용서할수 있도록 발전했다.

텔로미어 와 텔로머레이스
용서는 과학이다

사람은 가장 상처받은 시점부터
내면의 성장이 멈춘 댔지

우리가 고통스러운 이유는
욕망이 충족되지 않아 서랬지

고통의 크기는 마음에 비례한댔지

생각에 갇히면 작은 변화에도 견딜 수 없댔지
변해야 하는 건 지옥 같은 세상이 아닌

바로 나 자신 이랬지

생각이 바뀌면 어떤 한 것도 견딜 수 있댔지
모든 게 엉망이었을 때에도 죽지 않고

매일 희망을 찾으랬지

분노는
나를 불 에타 들어가는 고통을 느끼게 하는 두려움 이랬지

증오는
나를 피폐하게 만들어 잡아먹는 괴물 이랬지

복수는
나를 결국 죽음으로 이끄는 병 이랬지

용서는
나를 자유롭게 해 주는 만병통치약 이랬지

나는 나의 내면의 아이와 화해도 하고
작별 인사도 했지

이제 나는 미래로 갈수 있게 되었지.

미워하는 마음을 품거나 억울하다고 속상해하면서
세월을 보내기에는 우리 인생이 너무 짧아

〈제인에어 JaneEyre〉

일장춘몽

一場春夢

인생의 모든 부귀영화가 꿈처럼
덧없이 사라지는 한낱 꿈

이번 꿈열차의 종착지는
인생은 한바탕 꿈

행복한 꿈에서 한바탕 깨고
현실로 돌아오고 나면

인생이 참 거짓말 같네

벅찼고 영원할 것 같았던
이제는 돌아갈 수 없는 이 기억은

현실이었나?

꿈이었나?

일체유심조

一切唯心造

모든 것은 마음먹기 달렸다

나는 너의 내일이야
세상은 가라앉거나, 헤엄치거나 둘 중 하나

어떤게 현실이고
무엇이 현실이 아닌 걸까?

무엇이 환상이고
어떤게 실제일까?

애초에, 현실과 비현실은
누가 구분 지어 놓고
누가 만들어 놓은 걸까?

확실한 건 하나도 없는 이 세상에서
인생은 마치 꿈과 같은 것일까?

시간은 어제, 오늘, 내일이
매순간 바뀌는 꿈속의 환각 같은 걸까?

인생이 정해진 룰이 없는 건
어떤 세계를 꿈 꿀지는
내 마음에게 달려있어서 인 걸까?

그렇다면,

오늘 밤
나는 하늘을 날고 무지개를 보는

꿈을 꿀 거야!

영원히 살 것 처럼 꿈꾸고
오늘 죽을 것 처럼 살아라.

〈제임스 딘 James Dean〉

젊음과 청춘
모르겠고, 그냥 에어팟 끼고 뛰는 거야

인생도 사랑도 뜻대로 흘러가지 않았지만

뭐든 할 수 있고
뭐든 될 수 있었던 그런 날이 있었지
미래를 제쳐 두고 영원히 젊을 것처럼

나는 언제나 동전 같은
행복의 앞면과 불행의 뒷면 사이에서
정답을 찾으며 살아왔는지도 모르겠다

하루는
불행과 행운은 같은 색 이였고

또 하루는
행복과 절망이 같은 색 이였다

여전히 나는
그 색을 구분하지 못하겠지만

빨간색이든
검은색이든
파란색이든
노란색이든

이제 나한테 별로 중요하지 않았다

가끔 인생이 엉망일 때도 있지만

끝인 줄 알았는데
그게 새로운 출발점이 되기도 했으니까

뾰족한 세상이 나를 자꾸 찔러대도

네가 이기나 내가 이기나

견디는 거야
버텨보는 거야
싸워보는 거야

그렇게 몇 번을 수선해 얇아진 기억들과
찢긴 마음을 바느질하며 살아가는 거야

언젠가는 아픈 깃마저 바래지고 흐려지는 날이 오겠지

나는 내가 자처한 모든 것들을 사랑하기로 했다
아직도 어떤 끝이 나를 기다리고 있을지 모르겠지만
나의 인생은 아직 끝나지 않았으니까

과거를 후회하기엔 너무 늦었지만 그렇다고

포기하기엔 이른 내 나이니까

그니까 멈추지 않고
그 끝으로 한번 달려가보려고

내 마침표를 향해.

슬픔이 한 번도 본적 없는 거대한 모습으로
가로 막더라도 놀라지 마십시오.
그리고 믿어야 합니다.

삶이 당신을 잊지 않았다는 것을.
당신의 손을 꼭 잡고 있다는 것을.
결코 그 손을 놓지 않으리라는 것을.

〈젊은 시인에게 보내는 편지 중〉

V

아틸란티스

내
인생이
영화라면
해피엔딩
일까?

아틀란티스
Atlantis

바닷속으로 사라져버린 환상의 세계
대서양에 있었다고 하는 전설의 대륙

"격렬한 지진과 해일이 있었다. 끔찍한 낮과 밤이 왔는데 아틀란티스는 바다 아래로 사라졌다. 섬이 가라앉을 때 휘몰아친 진흙 너울때문에 그 때는 아무도 바다를 항해할 수 없었으며 그 이후로는 이 섬을 찾을 수도 없었다."

플라톤 Platon 이 남긴 두 편의 대화록 〈티마이오스〉, 〈크리티아스〉에 나오는 사라진 대륙 아틀란티스의 이야기.

이데아
너는 내게 영원 같은 문장

너는 나한테 '시'가 되고
우린 서로의 한 '책'이 될 거야

너와 나의 '이야기'는 '글'이 되고
우린 한 '문장'이 될 거야

너와 나는 어느 장면의 페이지에 머물겠지만
우린 서로가 그려주는 '그림'이 될 거야

우리가 그려온 시간들이, 영원이라 써 내려간 날들이
언제나 서로의 세상에 전부였듯이

우리의 이야기는 끝나지 않을 거야
마지막 장을 덮어도 살아 숨 쉬며 존재하겠지.

지금 재생 중

나에게 사랑한다고 말하는 네가 마치 영화의 한 장면 같네

한 편을 갈기갈기 찢어 놓은 영화의 주인공들처럼
영화 같은 날이었어

단번에 내 일상을 흐트러트려 놓는 너는
내 심장을 제멋대로 재생시켰지

내 동공은 끝없이 너와의 시간을 저장해
매 순간 너를 사랑하게 했지

우리는 우연이라 기엔 운명 같았고
운명이라 기엔 필연 같았지

우연히 네가 본 영화를 내가 보게 됐는데
그 영화가 너무 내 취향 이였던 거지

이제는 그 영화가
내 인생의 영화가 되어버린 거지.

누군가 영화를 추천해달라고 하면
제일 먼저 이 영화라고 말할 수 있는

내 인생의 첫번째 영화.

수위조절 대 실패
제목은 주인장 봄맞이

당신은 나에게
'**영화**' 같았고
'**시**' 같았고
'**노래**' 같았어

나는 당신을
'**제목**'이란 자리리에 두고 싶다

모든 제목은
첫번째 자리에 존재하니까
당신을 나의 맨 앞 처음자리에 두고 싶어

처음 한 사랑이
첫사랑이라 누가 그래요

어떤 사랑도
시작할 땐 다 처음인데요?

그러면 당신은

나의 **첫 사랑**
이자
나의 **끝 사랑** 인거네.

투시점의 원리
차가워진 이 바람엔 네가 써 있어

누구도 괜찮지 않은 여름 밤을 지나
가을의 끝자락에 서서 춥지도 따뜻하지도 않은 밤

우리가 다른 장소에서 다른 시간에
다른 입장을 가지고 만났더라면

너가 원망하고 있는 모든 것들이 다 없는
세계에서 만났더라면

우리는 지금쯤 서로를 보며 웃고 있을까
서로 바라보지조차 못하는 지금과는 다를까

산책하면서 네 생각이 났어

달빛을 받아 물가에 반짝 거리는
윤슬도 보여주고 싶고

가을 바람에 귀엽게 흔들리는
강아지풀도 보여주고 싶고

우연히 걷다가 발견한 활짝 핀
해바라기둘도 보여주고 싶고

너에게 보여주고 싶은 게 너무 많았는데
이건 더 이상 못쓰겠다

물가에 비친 빛을 보면서 걷다 보면
빛이 계속 내가 가는 곳으로 방향을 틀어
꼭 나를 향해 비춰 주는 것 같아

그래서 네 생각이 났나봐

저 멀리 있는 달을 보고 걷다 보면
달이 계속 내가 가는 곳으로 방향을 틀어
나를 따라 걷는 것 같아

그래서 네 생각이 났나 봐

오늘도
네 이야기로 시를 잔뜩 써야지.

나만의 작은 숲
정원사가 두고 간 꽃

바람 부는 마루 위 소설가의 작은 여름 숲은
해질녘 노을처럼 한편의 아름다운 추억이 되고

우리의 추억이 메마르지 않도록
너에게 선물 받은 꽃에 물을 주고 있어
잎이 심장을 닮았다는 라일락

멈춘 풍경 속에서 난 분명 사진을
컬러로 찍었는데 우리 사진은 흑백이네

지나고 보니 다 추억이네
언젠가는 말린 꽃처럼 바라가겠지

이름 모를 어떤 꽃말처럼 네 곁에 남아 있을게
너는 나의 정원에 언제쯤 도착하려나

예쁘게 가꾸어 놓을게
네가 좋아하는 것들로 한가득

우리의 정원을.

This bud of love, by summer's ripening breath,
May prove a beauteous flower when next we meet.

이 사랑의 꽃봉오리는 여름날 바람에 마냥 부풀었다가,
다음 만날 때엔 예쁘게 꽃필 거예요.

〈셰익스피어 Shakespeare〉

새벽 드라이브

너와 손잡고 바라본 도시의 밤은 낮보다 밝았어

달콤한 한여름 밤의 도주 같은
우리의 이야기는 여전히 ing 인가봐
브레이크가 없잖아

무더운 여름 밤도
나는 너와 함께라면 청량했어

너와 있으면
나는 늘 어디까지라도
걸어갈 수 있을 것 같은 기분이었어

우린 비록 다른 세계에서
다른 길을 걷고 있지만

네가 가장 행복했던 추억속에는
항상 내가 있기를

함께 있지 않더라도

우리는 우리라는 이름으로
늘 함께 하기를.

'…'
우리의 공백을 사랑의 힘으로

'…' 여백을 메꿀 수 있는 말은 뭘 까
… 빈틈없이 사랑해?

사랑한다는 것은 결국
끝없이 기다려줘야 한다는 것일까

그럼 나는
기다릴 것이 없어질 때까지
너를 사랑할게

우리의 이별이 마침표 '.' 가

아닌
하나의 쉼표 ',' 이길.

계절을 잃다
밤은 위태롭게 흔들려도 계절은 가지런히 흐른다

당신이 보고 싶어지는 또 어떤 밤이
매일 나를 찾아오겠지

문득
돌아보면 당신은 나를 보고 있고

또 문득
돌아보면 당신은 보이지 않아

그때 당신의 시선은
늘, 나를 향해 있었구나

당신 생각을 너무 오래 했더니
보고 싶다고 말하면
이젠 그냥 당신이 와줄 것 같아

문득문득
당신이 보고 싶어
보고 싶어 지금도.

잘 지내지 내 사랑

네가 준 사랑 잊지 않을게 그러니까 너도 나 잊지 말라고

오늘도 고단한 하루를 보냈을 아름다운 너에게
오늘도 지친 하루를 보냈을 여전히 빛나는 너에게

나는 오늘도 바라

오늘도 너의 일상 속에 주어진 아픔이 없기를
오늘도 너의 밤이 아프지 않기를
그렇게 너의 하루가 오늘도 무사하기만을
바라고 또 바라

너의 밤이 외로움으로 춥지 않게 나의 사랑으로
덮어줄 테니 너의 새벽이 춥지 않았으면 좋겠어
나의 새벽은 너에게 향한 사랑이기를

내 사랑
오늘도 좋은 꿈 꿔

꿈에서 만나

너와 함께 행복을 꿈 꾸는 밤에

네가 있던 그곳에서 널 그리며
누구보다 너를 사랑하는 너의 천사가.

추신. 내 마음이 너에게 닿기를.

무한한 사랑을 담은 달에게
그 도시의 불빛이 우릴 가둘지라도

네 꿈을 꾸는 날이면
너에 게 편지를 쓰곤 해

그러니 너는
밤이 오면 불빛 대신 달빛을 반짝여줘

내가 슬픔을 절망으로 키우지 않도록
두려움 없이 불행을 마주할 수 있도록
제삼자가 흩뿌리는 영혼 없는 말에
괜히 넘어져 아프고 다치는 일 없도록
그 고통을 내가 넘어설 수 있도록

깜깜하고 깊은 밤 홀로 달빛을 보며
꽃을 피우는 한 송이의 여린 봄꽃처럼

다시 내가 꽃피울 수 있게끔

나는 네가 떠오를 때마다
두 팔이 부족하도록 넘치게 너를 안을 테니
너는 사랑으로 가득했으면 좋겠다.

7월 7일 밤

내 소원은 촛불을 끄고 나면, 네가 내 앞에 나타나면 좋겠어

여전히 여름일 너를
나는 겨울에서부터 기다릴게

언제든지 다시 돌아오면 웃으며 반겨줄게
나는 늘, 우리가 있었던 곳에 있을 테니

그러니 그날처럼 다시 와
바삐 와
얼른 와
내게 와

봄에게로 와

나는 그럼 너를 처음 사랑하는 것처럼
사무치게 다시 사랑할 테니

이 기다림의 끝엔
너와 내가 마주하기를

기다렸던 우리의 그 순간들이
아무 탈 없이

그대로
빛이 품어 주기를.

얼마만큼 왔나요?
돌아보니, 먼 곳을 지나쳐 왔네요

어느 길로 가든
우린 결국 만나게 될 거야

'너와 나'처럼 '우리'의 목적지는 결국 '하나' 니까

너와 손잡고 있는 기분으로
너에게 안겨 있는 기분으로

아주 먼 데서 지금도 천천히 오고 있는
너에게로 나는 가고 있어

나에게
오는 길을 네가 잊어버릴 까봐
오는 길에 길을 잃었을 까봐

벌써부터 걱정이다

이 길의 끝에서
우리가 다시 만날 그 날

이제 너의 인생을 들려줘.

Love has taught us that love does not consist
in gazing at each other but in looking outward
together in the same direction.

사랑이란 서로 마주보는 것이 아니라
둘이서 똑같은 방향을 내다보는 것이라고
인생은 우리에게 가르쳐 주었다.

〈생텍쥐페리 Saint-Exupéry〉

나의 까멜리아에게
우리 처음 만난 날을 기억해?

다음 생에는 너로 태어나
나를 사랑해야지

어쩌면
영원히 사랑한다는 건

나는 이미 너로 태어나
나를 사랑하고 있는 걸지도 모르겠다

나 여기까지 혼자 걸어왔다고
너한테 자랑하러 갈거야

우리 마주 보는 날
기특하다고 대견하다고 고생했다고 말해줘

하기야
무슨 긴말이 필요하겠어 우리가
그치

서로 쳐 다만 봐도 애틋할 텐데
그냥 서로를 보며 예쁘게 웃어주자

네가 사랑한 것들을 전부 기억할게
그러니 이번엔 꼭 천천히라도 손을 잡고 놓치마

말이 길어졌지?
 내가 너에게 하고싶은 말은 어차피 단 하나인데 말이야

 영원히
 사랑해

난 너의 전부를 사랑했던 것 같아

너와 있으면 모든 게 아름다웠네
그늘진 날들마저

모두

파랑새가 너에게 나의 노래를 들려주길
이제 진짜 마지막 장을 넘겨야겠다

내가 사랑했던 모든 날의
시간 너머의 영원에게
P.S 변함없이 널 사랑하는 Baby가

까멜리아 Camellia : 영원을 상징하는 꽃

샐리의 법칙
Sally's law

우연한 기회에 계속해서 이어지는 행운.

해피 크리스마스, 해리
우리의 크리스마스는 아직 유효해

영원한 나의 산타클로스
내 크리스마스 선물은 오직 너야

나는 아직도 오직 너라는
한 존재만을 바라보고 있어
숨쉴 때마다 보고싶어

너는 내게 항상
숨 쉬는 법을 잊지 말라고 가르쳐줬어
이제 네가 곁에 없어서 숨쉬는 방법을 자꾸 까먹어

너의 세상에 들어가고 싶어
내가 숨을 이어갈 수 있게 너에게 달려가 안기면 안아줄래

너와 나의 세계가 같지 않다면
다시 널 찾을 거야
운명처럼

너를 만나러 갈게
내가 꼭 너에게 갈게

사랑을 품고
이세상의 끝까지
두 평행선이 하나로 될 때까지

내가 사는 세상에도
봄이 오면,
그땐,
내가 널 찾으러 갈게.
네가 그랬던 것처럼.

이 세계를 건너

나는 여전히 너라는 결말이야.

내 모든 끝에는 네가 있기를.
우리가 있기를.

*추신.
네가 잊어서는 안 될 사람으로 부터.*

자네가 무언가를 간절히 원하면
온 우주가 그 소망이 이루어지도록 도울 걸세
누구나 간절히 원하면 이루어진다는
이 지구의 위대한 진리 때문이야.

〈연금술사 중〉

줄리의 법칙
Jully's law

마음속으로 간절히 바라는 일은
예상치 못한 과정을 통해서라도
필연적으로 이루어진다는 법칙.

에필로그

여름에서 온 벚꽃연서
이제 곧 봄이 오겠군요

나도 겨울이 싫어
근데 시린 겨울을 보내줘야
꽃피는 봄이 오지 않겠어?

우리에게도
햇살 가득한 봄날이 올 테니

아직 오지도 않은
겨울에 벌써부터 겁먹지 말고

가는 계절 그저
흐르는 물처럼 자연스레 보내주자

힘들면 참치 말고
아프지 말고

네가 내 마음속을
들여다 볼수 있었으면 좋겠어
얼마나 너를 아끼고 사랑하는지

우리 이제 엇갈리지 말자
돌고 돌아 오랜 시간 걸렸잖아

영원한 내 사랑
세상 최고로 사랑해.

해리가 샐리를 만났을 때
When Harry Met Sally

'샐리의 법칙 Sally's law'은, 라이너 Rob Reine 감독
의 영화 〈해리가 샐리를 만났을 때 When Harry Met
Sally〉에서 계속 좋지 않은 일 만 일어나다가
결국은 해피엔딩으로 이끌어 가는 여주인공
샐리의 모습에서 빌려 온 것이다.

P.S
해리, 우리의 영화는 영원히 끝나지 않을 거야.

나의 사랑이 시간 너머의 영원에게 닿기를
영원한 내사랑에게 이 책을 바침.

2024년
하얗게 물든 어느 겨울날
별들도 우리를 축복하는 밤.

지은이

무아無我 | 천서윤千莫綸

찰나의 순간을 글로 남깁니다.
분명히 언젠가 그리울 오늘 일테니.

Instagram | @ himooah